AF239131

Glen Scrivener
Love Story
Der Mythos, der wirklich geschah

GLEN SCRIVENER

LOVE STORY

Der Mythos,
der *wirklich* geschah

Glen Scrivener
Love Story
Der Mythos, der wirklich geschah

Best.-Nr. 271997
ISBN 978-3-86353-997-9

Titel des amerikanischen Originals:
Love Story
The myth that really happened
© 2017 by Glen Scrivener
Published by 10Publishing, a division of 10ofthose.com
Unit C, Tomlinson Road, Leyland, PR25 2DY, England

Wenn nicht anders angegeben, wurde folgende Bibelübersetzung verwendet:
Elberfelder Bibel 2006, © 2006 by SCM R.Brockhaus in der
SCM Verlagsgruppe GmbH Witten/Holzgerlingen.
Außerdem wurde verwendet: bibel.heute, Neue evangelistische Übersetzung
(NeÜ), © 2010 Karl-Heinz Vanheiden und Christliche Verlagsgesellschaft
Dillenburg. Darüber hinaus wurden verwendet: Hoffnung für Alle (HFA),
Schlachter 2000 (SLT), Neue Genfer Übersetzung (NGÜ).

1. Auflage
© 2025 Christliche Verlagsgesellschaft mbH
Am Güterbahnhof 26 | 35683 Dillenburg
info@cv-dillenburg.de

Übersetzung: Dr. Friedemann Lux
Satz und Umschlaggestaltung: Christliche Verlagsgesellschaft mbH
Bildquelle Umschlag: © unsplash.com/Nathan Anderson

Druck: GGP Media GmbH, Pößneck
Printed in Germany

Wenn Sie Rechtschreib- oder Zeichensetzungsfehler entdeckt haben,
können Sie uns gern kontaktieren: info@cv-dillenburg.de

INHALT

Kapitel 1

EINE WAHRE GESCHICHTE

... Als alles verloren erschien, kam die große Wende: Der Drache wurde getötet, der böse König abgesetzt, die Suche kam an ihr Ziel, die Helden kehrten nach Hause zurück, die Prinzessin war gerettet und heiratete den Ritter. Und wenn sie nicht gestorben sind, dann leben sie noch heute. Ende.

Was bedeuten Ihnen Märchen? C. S. Lewis liebte sie. Er investierte einen großen Teil seines Lebens in das Studieren und Lehren der alten griechischen, römischen und nordischen Mythen, ja, er schrieb selbst eine der populärsten Fantasy-Serien aller Zeiten, *Die Chroniken von Narnia* (*Der König von Narnia* usw.). Mythen und Märchen waren in vieler Hinsicht Lewis' Lebenselixier, aber er betrachtete sie mit gemischten Gefühlen. Die Geschichten faszinierten ihn, aber gleichzeitig empfand er sie als eine Art Flucht; es waren eben doch *nur* Geschichten. Doch dann kam der Abend, an dem ein Gespräch alles änderte.

Am 19. September 1931 unterhielt sich Lewis mit seinem berühmten Freund J. R. R. Tolkien, dem Autor von *Der Herr der Ringe*. Mr. Narnia plauderte mit Mr. Mittelerde! Tolkien war Christ, aber Lewis (noch) nicht. Lewis hatte ein großes Problem mit dem christlichen Glauben: die Passions- und Ostergeschichte. Er konnte es gut verstehen, dass es Menschen gab, die an einen Gott glaubten. Ebenso, dass dieser Gott von den Menschen erwartete, dass sie ihr Leben auf eine bestimmte Art führten. Diese Art Religion klang ganz vernünftig. Aber sie ist natürlich nicht dasselbe wie der christliche Glaube. Die Christen können es nicht lassen, eine *Geschichte* zu erzählen – eine Geschichte, in der Gott auf die Erde kommt, um für seine Geschöpfe zu sterben. Der Kern des Christentums sind nicht so sehr seine Glaubensbekenntnisse oder Rituale oder Moralgebote, sondern das Wichtigste für die Christen ist die *Geschichte* von Jesu Leiden und Auferstehung. Und hier lag für Lewis der große Stolperstein. Er konnte nicht begreifen, was der Tod und die Auferstehung von Jesus mit dem Rest des christlichen Glaubens zu tun hatten. Was, um alles in der Welt, sollte Ostern?

In seiner Antwort erinnerte Tolkien Lewis an all die Mythen, die er so liebte. Fand Lewis die alten Geschichten von den sterbenden und wiederauferstehenden Göttern nicht faszinierend? Merkte er nicht, wie diese Mythen ihn im Innersten ergriffen? Doch, Lewis war tief bewegt von diesen Geschichten. Nun, erklärte

Tolkien ihm, der christliche Glaube sei die Geschichte aller Geschichten – die ultimative Geschichte des sterbenden und wiederauferstehenden Gottes.

Aber, so konterte Lewis, diese Geschichten waren doch allesamt bloße Mythen. Sie waren nicht *wahr*. In einer berühmt gewordenen Formulierung nannte er sie „in Silber eingewickelte Lügen" – außen schön, aber innen leer.

Was würde Tolkien antworten? Er konnte Lewis doch wohl nur recht geben. Dass Märchen nichts Reales sind, das weiß doch jeder, oder? Tolkiens Antwort schockierte Lewis: „Nein, es sind keine Lügen."[1] Lewis verstand die Welt nicht mehr. Wenn Tolkien recht hatte, dann gab es also so etwas wie ein *wahres* Märchen – eine große Geschichte, die hinter allen anderen Geschichten steht, nämlich die Geschichte von Ostern. Ostern, das ist der Mythos aller Mythen – der Mythos, der im Gegensatz zu allen anderen tatsächlich geschehen war.

Lewis musste an all die Geschichten denken, die er liebte – nicht nur Geschichten über Tod und Auferstehung, sondern Geschichten vom reich gewordenen Armen, von Drachentötern und Schatzsuchern, große Romanzen, tiefe Tragödien und fröhliche Komödien, Geschichten vom Sieg angesichts der scheinbar sicheren

Niederlage, vom Prinzen, der das Bettelmädchen heiratet, und wenn sie nicht gestorben sind, dann leben sie noch heute. Egal, wann und in welcher Kultur wir leben, diese Geschichten bringen eine Saite in uns zum Klingen. Aber warum tun sie das? Gibt es einen Grund dafür, dass sie unsere Herzen so stark berühren? Könnte es sein, dass es irgendwo eine große, wahre Ur-Geschichte gibt, die in unseren kleinen, erfundenen Geschichten anklingt? Und könnte dies vielleicht die absolute Zentralität von Ostern erklären?

Der Mythos, der wahr ist

Einen Monat nach dieser berühmten Unterhaltung stand Lewis kurz davor, selbst Christ zu werden. Er hatte begonnen, die Geschichte von Jesus Christus als „einen wahren Mythos" zu sehen – „einen Mythos, der uns genauso bewegt wie die anderen, aber mit dem ungeheuren Unterschied, dass er tatsächlich geschehen ist".[2] In den Evangelien – den biblischen Jesus-Biografien – passiert laut Lewis Folgendes: „Der alte Mythos vom Sterben und Auferstehen eines Gottes kommt vom Himmel der Legenden und Fantasiegestalten herab. Er verbindet sich mit unserer Welt der historischen Tatsachen [...]. Er *geschieht* an einem bestimmten Tag, an einem bestimmten Ort, mit bestimmten geschichtlichen Folgen."[3] Alle anderen Mythen spielen in einer

Traumwelt; Märchen beginnen so wie die *Star-Wars*-Filme – „vor langer, langer Zeit, in einer weit entfernten Galaxie". Die Götter leben und sterben jenseits unseres Raumes und unserer Zeit. Doch die Evangelien zeigen uns einen Jesus, der in unserer eigenen Welt lebt und stirbt, unter der Herrschaft namentlich genannter Herrscher wie Pontius Pilatus.[4]

Dieser historische Charakter unterscheidet die Jesus-Geschichte von allen anderen Geschichten. Wie Lewis später schrieb: „Als Literaturhistoriker bin ich restlos davon überzeugt, dass die Evangelien keine Legenden sind – was immer sie auch sonst sein mögen. Ich habe sehr viele Legenden gelesen, und es ist für mich eindeutig, dass die Jesusgeschichten nicht in diese Gattung passen."[5] Legenden spielen in einem „Es war einmal". Nichts in ihnen lässt sich zeitlich fixieren. Man kann nicht herausfinden, *wann* der altnordische Gott Thor seine Frau heiratete oder *wann* der Krishna der Hindus gegen Kaliya kämpfte. Diese Geschichten spielen nicht in unserer raum-zeitlichen Welt. Dagegen sind die Evangelien detaillierte Berichte über Personen, Orte und Zeiten; der Unterschied könnte größer nicht sein. Sie erzählen die wunderbarste Geschichte, die man sich denken kann, aber sie erzählen sie als ernst gemeinte Geschichtsschreibung.

Wir finden in den Evangelien also eine Kombination ohnegleichen: die Botschaft, dass Gott als Mensch in die Welt gekommen und dass damit ein großer Mythos als Faktum in die Geschichte eingebrochen ist, verankert in unserem Raum und unserer Zeit. Ähnlich wie die Götter ihr Leben opfern und wiederbekommen, hat Jesus sein Leben dahingegeben und ist anschließend wiederauferstanden. Ähnlich wie der Ritter erscheint, um den Drachen zu töten, ist Jesus gekommen, um die Mächte des Bösen zu besiegen. Ähnlich wie der Prinz kommt, um das Bettelmädchen zu heiraten, ist Jesus gekommen, um seine geliebten Menschen für sich zu gewinnen. Ähnlich wie der Held kommt, um seine Aufgabe zu erfüllen, ist Jesus gekommen, um Gottes Werk zu vollenden. Und indem er all diese klassischen Helden-Vorstellungen tatsächlich erfüllt hat, machte Jesus aus Armen Reiche und aus einer Tragödie einen Triumph. Hier ist die Liebesgeschichte, die im Gegensatz zu all den anderen Mythen tatsächlich passiert ist!

Früher waren Mythen für Lewis in Silber gewickelte Lügen gewesen. Als er die Jesus-Geschichte untersuchte, stellte er fest, dass diese Wahrheit aus purem Gold war. Ja, mehr noch: Er entdeckte, dass sie die Erfüllung all der Sehnsüchte aus den anderen Geschichten war. In Jesus und vor allem in der Ostergeschichte entdeckte Lewis eine Antwort auf den Schrei seines Herzens nach Sinn, Freude, Hoffnung und Liebe.

In diesem Buch wollen wir uns die Ostergeschichte persönlich anschauen. Wir wollen uns das Wochenende des Todes und der Auferstehung Christi ansehen, also die Ereignisse, die man traditionell die *Passion* Jesu Christi nennt. Für die Christen ist Ostern der Höhe- und Gipfelpunkt der großen Geschichte von Gottes Liebe. Indem Jesus sich erniedrigt, leidet, sich opfert und wiederaufersteht, vollendet er eine uralte, wahre Liebesgeschichte. In diesem Buch wollen wir diese Geschichte neu hören.

Kapitel 2

DIE VORGESCHICHTE

Vorhang auf!

In der Welt der Comics sind sogenannte „Ursprungsgeschichten" sehr wichtig. Sie bereiten die Bühne für das vor, was folgt, und erklären, wo die Helden und die Bösewichte herkommen. Besonders beliebt zu sein scheinen genetische Mutationen, intergalaktische Kriege und ermordete Eltern.

Ostern hat seine ganz eigene, andere Ursprungsgeschichte. Als Verständnishilfe dafür, wer Jesus ist und was er getan hat, bietet uns die Bibel 39 Schriften über die Vorgeschichte; wir nennen sie das „Alte Testament". Über mehrere Jahrhunderte hinweg schrieben die Verfasser über unseren guten Anfang, den katastrophalen Absturz und Gottes Plan, die Dinge wieder ins Lot zu bringen. Im Zentrum dieses Plans steht ein verheißener Held, ein großer Krieger und liebender Freund. Lassen Sie mich kurz das Handlungsgerüst vorstellen.

Am Anfang ... Liebe

Der allererste Vers der Bibel bereitet die Bühne vor für das Abenteuer, das kommen wird. Es ist

nicht irgendein Abenteuer, sondern eine Liebesgeschichte: „Im Anfang schuf Gott den Himmel
und die Erde" (1Mo 1,1).

Beim ersten Lesen übersieht man es leicht,
aber die beiden Schlüsselelemente in diesem
Vers – „Gott" und „Himmel und Erde" – sind
Begriffe, die von Liebe handeln. Wenn Sie
einen kurzen Ausflug in die Geheimnisse der
Grammatik ertragen, kann ich Ihnen zwei ver-
steckte Schätze in diesem Satz zeigen – Schätze
aus echtem Gold!

1. „Gott"

Das Wort „Gott", das wir in 1. Mose 1 in unseren
Bibeln finden, steht im Grundtext in der Mehrzahl (Plural). Im Hebräischen, der Sprache, in
der das Alte Testament geschrieben wurde,
ist „Gott" ein Substantiv, das in der Mehrzahl
steht, aber immer mit einem Verb in der Einzahl
(Singular) verbunden ist. Mit anderen Worten:
Die hebräische Grammatik zeigt uns Gott als
jemanden, der eine Pluralität ist, aber als *Einer*
handelt. Es gibt etwas an Gott, das eine Vielheit
ist, und etwas, das eine Einheit ist. Die Christen
haben dafür später das Wort „Trinität" („Drei-
einheit") geprägt. Das göttliche Leben ist sowohl
plural als auch einheitlich. Gott besteht aus drei
Personen, ist aber auch eine Einheit. Wenn wir
über Gott nachdenken, müssen wir uns eine

liebende Einheit dreier Personen vorstellen. Diese drei Personen sind der Vater, der Sohn und der Heilige Geist; das ist „Gott" nach der Bibel.

Sie finden das schwierig? Dann stellen Sie sich irgendeine Gemeinschaft vor. Eine Gemeinschaft ist eine Einheit aus mehreren. Es gibt Aspekte, in welchen sie plural ist, und andere Aspekte, in welchen sie einheitlich ist. Gott ist eine Gemeinschaft, die eine Einheit ist. Die Glieder dieser Gemeinschaft – der Vater, der Sohn und der Heilige Geist – sind miteinander durch untrennbare Bande der Liebe verbunden. Der eine kann nicht ohne die anderen sein. Lieben ist nicht bloß etwas, was diese drei untereinander *tun*; Liebe ist das, was sie *sind* und was sie immer waren.

Liebe – sie ist der Ursprung aller Dinge. Vor und jenseits unserer Welt gibt es einen breiten Strom, einen allmächtigen Reigen des Vaters, des Sohnes und des Heiligen Geistes. Die entscheidende Hintergrundgeschichte ist ein Gott, der Liebe *ist*. Kein Wunder, dass der Rest der Geschichte die Geschichte einer großen Liebe ist.

2. „... *den Himmel und die Erde*"

Im Hebräischen haben die Substantive, wie in vielen anderen Sprachen auch, ein grammatisches Geschlecht. Wenn Sie in der Schule Französisch gelernt haben, dann wissen Sie vielleicht noch, dass dort die Sonne (*le soleil*) männlich ist, der Mond (*la lune*) dagegen weiblich. Nun, in der Bibel ist im Hebräischen der *Himmel* männlich und die *Erde* weiblich. Wir denken hier unwillkürlich (und sollen das auch): „Der Himmel und die Erde gehören offenbar zusammen, sie sind füreinander geschaffen." Gleich im ersten Vers der Bibel erleben wir, wie Gottes Liebesgeschichte kosmische Dimensionen annimmt. Die Liebe, die in Gott ihren Ursprung hat, strömt über Himmel und Erde.

Und diese Liebesgeschichte geht weiter, wenn wir auf der zweiten Seite der Bibel dem Mann und der Frau begegnen. Sie stehen einander gegenüber wie der Himmel und die Erde, und Gott befiehlt ihnen, sich zu vereinigen. Das Ziel dieser Vereinigung? „Seid fruchtbar und vermehrt euch" (1Mo 1,28). Durch ihre Liebe wird sich die Erde füllen.

In 1. Mose 2 erfahren wir ihre Namen: Adam und Eva. Sie sind ganz buchstäblich füreinander geschaffen, und als Gott sie zusammenbringt, ruft Adam aus – und es ist das erste Liebesgedicht der Welt: „Diese endlich ist Gebein von meinem Gebein und Fleisch von meinem Fleisch", mit anderen Worten: Endlich jemand, der zu mir passt (1Mo 2,23). Es ist ein Bild der Einheit, nach der wir uns sehnen – der Einheit mit Gott, miteinander und mit der Welt. Gleich am Anfang bekommen wir einen Vorgeschmack auf das große Glück, das kommen wird.

Der Bibeltext entfaltet sich weiter und bleibt dabei dem Liebesthema treu. Gott sagt, dass er sein Volk mit der treuen Liebe eines Ehemannes liebt. Aber da gibt es ein Problem: Dieses Volk geht immer wieder eigene Wege. Seine Abkehr von dem Gott der Liebe wird dabei in der Bibel nicht einfach nur „Ungehorsam" oder „Sünde" genannt, sondern auf einer tieferen Ebene als „Ehebruch" und „Untreue" bezeichnet. Es ist eine tiefgründige, überraschende Ausdrucksweise, die einen unwillkürlich fragen lässt: „Wie bitte? Sollen wir etwa mit Gott *verheiratet* sein?" Offenbar ja!

Wie Himmel und Erde, wie Adam und Eva sind wir dazu berufen, in einer verbindlichen Beziehung der Liebe mit Gott vereint zu sein. Aber, wie Shakespeare in seinem *Sommernachtstraum* schreibt: „Der wahren Liebe Weg war noch nie leicht." Gott liebt uns ganz gewiss, aber die große Frage ist, ob wir diese Liebe erwidern oder ablehnen. Die Geschichte des Alten Testaments illustriert eine universelle Gesetzmäßigkeit: Meistens verschmähen wir die Liebe, die wir erwidern sollten (also die Liebe Gottes zu uns) und rennen anderen Liebesverhältnissen hinterher, die nicht gut für uns sind und mit denen wir uns selbst und unseren Mitmenschen schaden. Das ist die Quelle all unserer Probleme.

Die abgewiesene Liebe

Es gibt im Alten Testament eine Geschichte, die das sehr schön auf den Punkt bringt. Sie handelt von dem Propheten Hosea, der um 750 v. Chr. lebte. Gott sagte Hosea im Wesentlichen Folgendes: „Ich habe etwas ganz Besonderes für dich. Du sollst einmal nachfühlen, wie es ist, in der großen Liebesgeschichte an meiner Stelle zu stehen." Das mag zunächst großartig klingen, aber hören wir einmal, was es wirklich bedeutete. Im Bibeltext lesen wir, wie Gott sagte:

> *„Such dir eine Hure und nimm sie zur Frau! Du sollst Kinder haben, die von einer Hure geboren wurden. Denn auch mein Volk ist wie eine Hure: Es ist mir untreu und läuft fremden Göttern nach."*
> *(Hos 1,2; HFA)*

Gott möchte Hosea an seiner eigenen Erfahrung teilhaben lassen. Was empfindet Gott dabei, unser Gott zu sein? Offensichtlich ist es so ähnlich wie die Ehe mit einer Frau, die das Fremdgehen nicht sein lassen kann. Hosea soll Gottes Herz widerspiegeln, und zwar, indem er eine Prostituierte namens Gomer heiratet.

Er heiratet Gomer, und wie nicht anders zu erwarten, bleibt sie ihm nicht lange treu. Schon bald verlässt sie ihn und kehrt – man will es nicht fassen – in ihr Bordell zurück. Was macht

Hosea? Denkt er achselzuckend, dass er halt sein Bestes getan hat und es sich jetzt wieder als Junggeselle bequem machen kann? Aber da hat er die Rechnung ohne Gott gemacht, denn der macht ihm klar, dass er gerade erst angefangen hat:

„Obwohl deine Frau deine Liebe nicht erwidert hat, sondern ständig die Ehe bricht, sollst du sie wieder bei dir aufnehmen und sie lieb haben. Denn auch ich liebe die Israeliten, obwohl sie anderen Göttern nachlaufen." (Hos 3,1; HFA)

Hosea muss sich allen Ernstes zu dem Bordell begeben und 15 Schekel zahlen (der damalige Preis für eine Prostituierte), um seine Frau zurückzubekommen. Versetzen Sie sich einmal in seine Lage: Sie hämmern an die Tür des Etablissements und rufen: „Hallo, ich bin wegen Gomer hier ... Ich bin ihr Mann ... Ich will sie zurückholen; sagen Sie mir, was es kostet."

Hosea steht schutzlos da, ja, er bringt sich in große Schande. Er riskiert sein Herz für eine Frau, die seine Liebe beharrlich abweist. Warum soll er Geld zahlen, um seine eigene Frau zurückzubekommen? Warum mutet er sich das zu? Antwort: Weil Gott selbst so ist.

Gott liebt uns. Er ist uns treu. Wie Hosea. Aber wir sind wie Gomer. Wir ignorieren ihn; wir schieben ihn zur Seite und tun so, als habe er keinen Anspruch auf uns. Und so fallen wir zurück in das Leben, das wir immer geführt haben. Das ist der Grund für all das Elend in der Welt. Wir weisen Gott ab und suchen unser Glück an allen möglichen falschen Stellen.

Und wie reagiert Gott? Er ist der Gott, der uns hinterhergeht. Er erniedrigt sich, wie wir noch sehen werden, um uns seine Liebe erneut anzubieten. Er kauft uns frei, zu einem schwindelerregenden Preis, um uns wieder in die Arme schließen zu können. Das ganze Alte Testament ist eine einzige Verheißung eines großen Hosea, eines göttlichen Liebenden, der kommen wird, um die Seinen freizukaufen.

Die Bibel als Geschichte der Liebe

Ich weiß nicht, was für ein Bild von Gott Sie haben. Wer heutzutage an Gott glaubt, der sieht ihn ja gerne als unpersönliche „Kraft". Oder als im Himmel stationierten Feldwebel, der seine Befehle brüllt. Oder als himmlischen Sklaventreiber, der uns schuften lässt. Oder als Moralpolizisten, der aufpasst, wie wir uns benehmen. Oder als kosmischen Oberlehrer, der pausenlos sagt: „Streng dich an!" Aber falls wir persönlich eines dieser Gottesbilder haben, dann haben wir es mit Sicherheit nicht aus der Bibel.

Die Bibel erzählt eine Liebesgeschichte. Es ist eine Geschichte mit *einem* großen Helden – dem

Sohn Gottes –, um den sich alles dreht und der sich danach sehnt, uns nach Hause zu holen.

Was wir an Ostern sehen, ist das Kommen dieses Helden in Fleisch und Blut. In der „Passion" Jesu Christi erleben wir den großen, endgültigen Hosea, wie er kommt, um seine Gomer zu umwerben und sie zu sich zurückzuholen.

Jesus kommt als Bräutigam, als Ehemann, als Königssohn. Sein Kommen ist die wahre Erfüllung aller Sehnsucht der Märchen. Während deren Helden in ferne Länder reisen, kommt Jesus vom Himmel auf die Erde herab. Während dort irgendein Drachen getötet wird, nimmt Jesus den Kampf gegen alle Mächte des Bösen auf. Während dort der Held die Prinzessin gewinnt, erobert Jesus unsere Herzen. Während sich im Märchen Trauer in Freude verwandelt, triumphiert Jesus über den Tod und bringt uns ein „glücklich für alle Zeiten".

In den nächsten vier Kapiteln werden wir uns vier Schlüsselszenen des Osterwochenendes anschauen. Von Gründonnerstag bis Ostersonntag werden wir sehen, wie diese Ereignisse zu Gottes großer Liebesgeschichte dazugehören. Diese „Passion" Jesu Christi zeigt uns, dass das Herz der Menschheitsgeschichte, das Herz Gottes, das Herz aller Realität, Liebe ist. Der Gott der Ostergeschichte sucht keine Soldaten, keine Sklaven und keine Moralapostel. Er sucht keine guten Vorsätze, guten Leistungen oder guten Werke. Er sucht Gomers, die nach Hause kommen wollen.

Kapitel 3

LIEBE BEUGT SICH TIEF HERAB

„Was könnte dich dazu bringen, an Gott zu glauben?" Diese Frage stellte ich einem erklärten Atheisten. Er musste sie schon öfter gehört haben, denn er hatte eine Antwort parat: „Wenn Gott die Sterne im Himmel so anordnen würde, dass sie die Zehn Gebote buchstabieren, dann würde ich an ihn glauben."

Ich weiß nicht, wie hoch Sie die Messlatte für die Wahrscheinlichkeit der Existenz Gottes legen würden, aber mein Freund legte sie in galaktische Höhen. Doch als er seine Forderung nach der Neuausrichtung der Sterne erhob, kamen mir sofort zwei Gedanken. (Ich möchte darauf hinweisen, dass das bei mir nicht normal ist. Normalerweise bekomme ich *pro Monat* zwei Gedanken, aber gut, an diesem Tag trank ich gerade meinen fünften Kaffee, und im Übrigen gibt es, wie wir noch sehen werden, tatsächlich manchmal Wunder ...)

Bei dem ersten Gedanken ging es um ein Zitat eines alten Weisen, an das ich mich vage erinnerte. Es geht ungefähr so: Wenn die Sterne nur einmal alle tausend Jahre leuchteten, würden wir das als ein höchst erstaunliches Wunder betrachten. Die

Tatsache dagegen, dass sie jede Nacht leuchten, flößt uns keine Ehrfurcht ein, sondern lässt uns eher die Schultern zucken. Könnte es also sein, dass die Sterne bereits ein bemerkenswertes Zeugnis der Herrlichkeit Gottes *sind*?

Aber mehr noch: Bevor wir die Sterne bitten, sich anders anzuordnen, sollten wir erst einmal die ungeheure Komplexität ihrer jetzigen Anordnung angemessen würdigen. Dass es die Sterne überhaupt gibt und dass wir existieren und in der Lage sind, sie zu „lesen", ist viel, viel unwahrscheinlicher, als dass wir die Milchstraße dazu bringen könnten, einen Text zu buchstabieren. Wenn Sie sich im Internet über „das Fine-Tuning / die Feinabstimmung des Universums" informieren, werden Sie entdecken: Damit im Universum überhaupt Leben möglich wird, müssen die Ordnung und die Strukturierung des Himmels so präzise sein, dass es einem den Atem verschlägt. Es ist nicht nur so, dass meine persönliche Existenz auf Messers Schneide steht oder die der Erde, sondern *der ganze Kosmos* balanciert auf Messers Schneide.

Und die Sterne reden bereits, ja, *rufen* förmlich zu uns. Wie König David vor 3000 Jahren schrieb: „Der Himmel erzählt die Herrlichkeit Gottes" (Ps 19,2). Je mehr wir über diesen Himmel entdecken, umso glaubhafter werden diese Worte. Mein Freund, der Atheist, wollte, dass die Sterne die Zehn Gebote buchstabierten, also z. B.: „Du sollst nicht töten." Aber was noch viel unwahrschein-licher (und viel wichtiger) ist, ist die Tatsache, dass der Himmel selbst *nicht tötet*! Aller Wahrschein-lichkeit zum Trotz erlaubt die Art, wie der Himmel geordnet ist, Leben. Wenn tatsächlich irgendein Skeptiker zur Milchstraße hochgucken und dort hebräische Buchstaben entdecken könnte, wäre dies ein Taschenspielertrick, der das eigentliche und absolut unerhörte Wunder billig kopiert, und dieses Wunder besteht darin, dass es diese Galaxie und diesen zum Himmel hochschauenden Skeptiker überhaupt gibt.

Dies also war mein erster Gedanke. Ich war drauf und dran, meinem Freund zu sagen: „Du brauchst gar nicht erst zu fragen, wie du auf ein atemberaubendes Wunder reagieren würdest. Du lebst schon längst in einem." Die Worte lagen mir schon auf der Zunge, als mir ein anderer Ge-danke kam, den ich stattdessen äußerte. Ich fragte meinen Freund: „Gesetzt den Fall, Gott würde das tun, was du da verlangst, und ganze Galaxien so anordnen, dass sie dir sagen, wie man sich richtig benimmt – würdest du so einen Gott *mögen*?"

Er antwortete wie aus der Pistole geschossen: „Nein, überhaupt nicht! Aber darum geht es ja gar nicht. Ich glaube nicht, dass ich Gott je mögen könnte, aber wenn er mir seine Existenz zweifelsfrei beweisen könnte, müsste ich ja wohl an ihn glauben."

An diesem Punkt waren mein Freund und ich ironischerweise so gut wie einer Meinung. Dieser Gott, dem er bereit wäre, eine Chance zu geben, war ein Gott, der uns *beiden* nicht ganz geheuer war – eine kosmische Supermacht, die ihre Muskeln spielen lässt, damit wir vor ihr auf die Knie gehen. Solch ein Gott, der seine Macht zeigt, indem er seine Gebote in den Himmel schreibt, könnte vielleicht unseren Gehorsam und unsere widerwillige Anerkennung erzwingen – aber nie und nimmer unsere Herzen gewinnen.

Aber – und das ist der entscheidende Punkt – der Gott der Bibel ist anders. Er ist der Gott der größten aller Liebesgeschichten. Er legt dieser Welt keine Daumenschrauben an, um uns zu zeigen, wer der Boss ist. Er begegnet uns in der tiefsten Tiefe, ganz unten, wo seine Leute sitzen und leiden. Anstatt seine Gebote in die Sterne zu schreiben, erniedrigt er sich in eine Krippe, ja, geht an ein Kreuz. Während wir Skeptiker zu den Sternen hochschauen und ein Zeichen fordern, taucht dieser Gott unvermutet als blutiges Opfer direkt vor unserer Haustür auf. Und warum tut er das? Weil Liebe sich tief herabbeugt, sich klein macht, sich erniedrigt.

Gottes Haltung

Wie wäre das, wenn wir Gott sehen könnten? Würden sich die Sternenkonstellationen ändern?

Gäbe es ein großes Feuerwerk am Himmel? Nun, Jesus hat gesagt: Wenn wir Gott sehen wollen, brauchen wir nur ihn anzusehen. Das ist eine erstaunliche Aussage, aber Jesus besteht darauf. Im Johannesevangelium lesen wir, dass, als das Osterwochenende kam – an dem Tag, der später Gründonnerstag genannt wurde –, Jesus auf sich selbst deutete:

Wer mich sieht, sieht den, der mich gesandt hat.
(Joh 12,45)

Und:

Wer mich gesehen hat, hat den Vater gesehen.
(Joh 14,9)

Mit anderen Worten: „Ihr wollt Gott sehen? Dann seht *mich* an!" Und so sind an diesem Donnerstagabend alle Augen auf Jesus gerichtet. Und was macht er, um uns das Herz Gottes zu zeigen? Er bückt sich:

Da Jesus wusste, dass ihm der Vater alles in die Hände gegeben hatte und dass er von Gott ausgegangen war und zu Gott hinging, stand er vom Mahl auf, legte sein Obergewand ab, nahm einen Schurz und umgürtete sich; darauf goss er Wasser in das Becken und fing an, den Jüngern die Füße zu

waschen und sie mit dem Schurz zu trocknen, mit
dem er umgürtet war. (Joh 13,3-5; SLT)

Vers 3 sagt uns, wer Jesus ist. Er ist der Sohn des
Vaters, der einen Auftrag von ihm bekommen
hat: uns nach Hause zu bringen. Das ist keine
geringe Meinung, die Jesus da von sich selbst
hat, nicht wahr? Stellen Sie sich das einmal vor:
Wenn *Sie* wüssten, dass Sie der allmächtige Sohn
Gottes sind, der alle Macht Gottes zur Verfügung
hat, was würden Sie machen? Jesus beugt sich
ganz nach unten. Und er tut das, *weil* der Vater
ihm „alles in die Hände gegeben" hat. Er übernimmt die niedrigste Arbeit, die man sich damals
vorstellen konnte – etwas, das nur der niedrigste
Sklave in einem Haushalt machte. Jesus bemerkt,
dass noch niemand die Füße seiner Jünger gewaschen hat. Macht nichts, der Sohn Gottes ist
ja vor Ort.

Ist Ihnen das Wörtchen „da" am Anfang des
Bibelzitates aus Johannes 13 aufgefallen? „*Da*
Jesus wusste ..., stand er vom Mahl auf." Dieses
„da" wirft mich schier um. Hier steht: *Weil*
Jesus alle Macht hat, beugt er sich so tief. *Weil*
er der ewige Sohn des Vaters ist, wird er zum
niedrigsten aller Diener. *Weil* er Gott ist, übernimmt er die Rolle eines Sklaven.

Der Mann, der gesagt hat: „Wer mich gesehen hat, hat den Vater gesehen", zieht sein

Obergewand aus, bindet sich ein Handtuch um und übernimmt den Job des niedrigsten Sklaven. Er beginnt seine Runde um den Tisch, und man spürt förmlich, wie es den Jüngern anders zumute wird. Und Petrus spricht aus, was alle denken:

„Herr, du wäschst mir die Füße?" Jesus antwortete und sprach zu ihm: „Was ich tue, verstehst du jetzt nicht; du wirst es aber danach erkennen." Petrus spricht zu ihm: „Auf keinen Fall sollst du mir die Füße waschen!" (Joh 13,6-8; SLT)

Ich kann Petrus gut verstehen. Während eines Besuchs in Indien war ich einmal zu Gast in einer hoch angesehenen Familie. Der Familienvater war ein *Nawab*, also ein indischer Prinz. Meine Gastgeber wollten unbedingt, dass ich mir die Füße säubern ließ. Ich weigerte mich. Die Vorstellung, dass sich da jemand an meinen schwieligen Füßen zu schaffen machte – nein, lieber nicht. Ich wollte nicht auf einen Diener herabschauen, wie er meine schmutzigen Füße säuberte. Ich finde es peinlich, wenn jemand die nackten Füße eines anderen in die Hände nimmt, sie wäscht und anschließend mit einem Handtuch trocknet, während der andere die ganze Zeit nur dasitzt und zuschaut. Ich wollte nicht, dass einer der Diener des Hauses das mit mir machen musste. Und dass mein Gastgeber selbst, der Prinz, sein Gewand ablegte, sich ein Handtuch um *seine* Taille band und vor *meinen* schmutzigen Füßen niederkniete – das war natürlich undenkbar. Kein irdischer Prinz würde sich je so tief herablassen. Aber am Gründonnerstag machte sich der König aller Könige selbst zum niedrigsten aller Diener.

Die Fußwaschung in Johannes 13 soll uns demonstrieren, wie Jesus die Seinen „bis ans Ende liebte" (vgl. Joh 13,1). Das gibt der Szene ihre Tiefendimension. Jesus, der Prinz des Himmels, sitzt auf dem himmlischen Ehrenplatz; schon vor Anbeginn der Welt war er mit dem Vater und dem Heiligen Geist dort zusammen.[6] Aber aus lauter Liebe verlässt er seinen Platz im Himmel und kommt zu uns herunter. Am Gründonnerstag macht sich Jesus noch niedriger als seine Jünger und macht sich schmutzig, damit er ihnen die Füße waschen kann. Das ist ein Bild für das, was am nächsten Tag kommen wird. Am Karfreitag wird Jesus in die tiefsten Tiefen hinabsteigen und geistlich unrein werden. Am Kreuz nahm er die allertiefste Stellung ein und erlitt den schändlichsten Tod, den man sich vorstellen konnte. Aber durch diesen Tod nahm er unsere Sünde auf sich, damit wir geistlich rein würden.

In der Fußwaschung gewinnt die große Liebesgeschichte greifbar-dramatisch an Gestalt. Jesus steigt hinab auf die niedrigste Stufe, um uns zu reinigen. Diese sich herabneigende Liebe bedeutet keinen Bruch mit der göttlichen Herrlichkeit. Indem sich Jesus das Handtuch umbindet, nimmt er keinen Urlaub von seiner Göttlichkeit, sondern so sieht wahre Göttlichkeit aus.

Gott sehen

Um Gott zu erkennen, müssen wir nicht zum Sternenhimmel hochblicken, sondern wir gucken mit betretener Miene nach unten, zu dem Sklaven, der dabei ist, uns die Füße zu waschen. Vor uns kniet Gott und macht sich schmutzig, damit wir sauber werden können. Gott wählt die Selbstdemütigung, um uns Wert und Würde zu geben. Da ist er, zu unseren Füßen, und wir wissen nicht mehr, wo wir hinschauen sollen.

Denn es ist ja so: Keiner von uns hat das verdient. Noch in der Nacht nach der Fußwaschung, bevor der neue Tag anbricht, würde jeder der Jünger Jesu ihn verlassen, verleugnet oder verraten haben. Die Füße, die Jesus da gereinigt hat, werden, bildlich gesprochen, entweder von ihm wegrennen oder auf ihm herumtrampeln. Jesus weiß das, und trotzdem bückt er sich und kniet sich hin. Daran entdecken wir zwei Dinge: Wir sehen, wie *er* ist, und wir sehen, wie *wir* sind.

Und wie ist Jesus? Er ist eine Million Meilen davon entfernt, ein Gott zu sein, der eben mal die Sterne umgruppiert, damit wir uns vor ihm beugen. Er ist der Gott, der auf die Knie geht, um sich um unser Chaos zu kümmern.

Und wie sind wir? Um es auf den Punkt zu bringen: Wir sind nicht wie Jesus. Wir bilden uns vielleicht ein, dass wir lieben – bis wir wahre Liebe in Aktion erleben. Ich habe noch nie einem erwachsenen Mann die Füße gewaschen, ja, es fällt mir schwer, mir das auch nur vorzustellen. Aber ich wasche mir jeden Tag beim Duschen die eigenen Füße. Für meine eigenen Bedürfnisse sorge ich, ohne auch nur darüber nachzudenken.

Ich liebe Menschen, wenn sie liebenswert sind. Jesus liebt die Menschen, wenn sie es nicht sind. Ich liebe Menschen, wenn es mir keine Umstände macht. Jesus diente seinen Mitmenschen noch am Vorabend seiner Hinrichtung. Mir ist mein eigener Ruf wichtiger als die Menschen, die ich angeblich liebe. Jesus kniet sich vor unseren schmutzigen Füßen hin, egal, wie peinlich das ist, was es kostet und wie sehr wir protestieren.

Die Liebe Jesu entlarvt meine eigene Liebe als den Schwindel, der sie ist, und plötzlich merke ich, dass *ich* ja auch schmutzig bin und jemanden brauche, der mich reinigt. Darum bückt Jesus sich zu mir hinab. Und darum *leidet* er …

Kapitel 4

LIEBE LEIDET

Stellen Sie sich einen Obdachlosen vor, der am Straßenrand sitzt und bettelt. Ein Passant wirft im Vorbeilaufen eine Münze in seinen Becher und eilt weiter. Der nächste wird langsamer, stutzt und bleibt stehen. Er hat den Bettler erkannt. „Peter, bist du das? Ich kann's nicht glauben, dass ich dich gefunden hab! Was wird sich unser Vater freuen!" Und er setzt sich auf den Bürgersteig und legt den Arm um seinen schluchzenden Bruder. „Jetzt wird alles gut. Ich bring dich nach Hause."

Wahre Liebe beugt sich herab. Aber dieses Herabbeugen ist mehr als eine Geste. Es ist das, was Liebe tut, wenn sie eine Not sieht. Mit dem Sich-herab-Neigen sagt sie: „Deine Not ist meine Not. Deine Schuld ist meine Schuld. Dein Schmerz ist mein Schmerz." Das ist der Grund, warum das Sich-herab-Neigen zu Leid führt. Liebe, die nicht leidet, ist eine zweifelhafte Liebe. Das spiegelt sich in unserem Wort „Leidenschaft" wider oder im Begriff „Passion", das von dem lateinischen *passio* („Leiden") kommt. Wenn der, der die Liebe ist, zu uns kommt, neigt er sich nicht nur zu uns herab, sondern er leidet auch. Als Jesus seinem

Tod entgegenging, offenbarte er die Höhen seiner Liebe durch die Tiefen seines Leidens.

Ein zweites Passah

Am Abend der Fußwaschung – dem Abend, bevor Jesus starb – wurde das jüdische Passahfest gefeiert. Das Passahfest war der wichtigste Feiertag des jüdischen Kalenders. Mit dem Passahmahl gedachten die Juden des Tags ihrer Befreiung durch Gott aus der Sklaverei in Ägypten. Die Familien versammelten sich, um gut zu essen und guten Wein zu trinken, zu singen und Geschichten zu erzählen. Aber als Jesus in den Tod ging, gab er dem Passah eine zweite, tiefere Bedeutung. Er benutzte dieses Mahl, um *seine* Geschichte zu erzählen. Im Matthäusevangelium lesen wir:

> *Noch während sie aßen, nahm Jesus ein Fladenbrot und lobte darüber Gott. Er brach es, reichte es den Jüngern und sagte: „Nehmt und esst, das ist mein Leib!" (Mt 26,26; NeÜ)*

Stellen Sie sich die Szene vor: Jesus nimmt ein Brot in die Hände, das er „mein Leib" nennt, und reißt es vor den Augen der Jünger in Stücke. Wenn man die Symbolik versteht, ist die Gewalt, die in dieser Handlung liegt, schockierend. Es ist eine bildliche Darstellung dessen, was am Kreuz geschah. Jesus, das wahre Brot des Lebens, wird in Stücke gerissen. Warum? Um uns Nahrung zu geben. Er stirbt, damit wir leben können. Er wird verzehrt, damit es uns gut geht. Er wird zerbrochen, damit wir versorgt sind.

Stellen Sie sich solch ein Brot vor, das in Stücke gebrochen und Ihnen so gereicht wird. Wir bekommen es umsonst, es gibt uns Leben und ernährt uns. Aber wir können es nur empfangen, weil es zuerst gebrochen wurde. Damit wir Jesu Leben bekommen, musste er zuerst sterben.

Jesus sagt das Gleiche ein zweites Mal, als er einen Kelch mit Wein nimmt:

Dann nahm er einen Kelch, dankte Gott, reichte ihnen auch den und sagte: „Trinkt alle daraus! Das ist mein Blut, das Blut des Bundes, das für viele vergossen wird zur Vergebung der Sünden." (Mt 26,27-28; NeÜ)

In der Bibel sind Wein und Blut Geschwister. Wein wird das „Blut der Traube" genannt (5Mo 32,14). Und andererseits gibt es eine starke Assoziation zwischen Blut und Leben, sodass wir an anderer Stelle lesen: „Denn das Leben eines fleischlichen Wesens ist in seinem Blut" (3Mo 17,11; NeÜ). Und es ist ja eine Tatsache: Wenn wir sehen, dass jemand viel Blut verliert, wissen wir, dass er dabei ist, sein *Leben* zu verlieren. Während Jesus den Wein in den Kelch gießt, zeigt er uns damit das Leben, das er uns am Kreuz geben wird. Dort wird sein Leib zerrissen werden, sein Blut wird vergossen. Am Kreuz wird Jesus vollständig aufgezehrt werden; er wird gebrochen und geopfert werden. Aber Jesus erleidet den Tod, damit wir satt werden können. Er gibt sein Blut, damit wir ein Festmahl feiern können.

Vielleicht fragen Sie jetzt: „Warum musste Jesus auf solche Weise leiden?" Die Antwort ist, dass seine Liebe ihn dorthin geführt hat. Wie wir oben sahen, bedeutet Liebe: „Deine Lasten sind meine Lasten." Jesus geht in Leiden und Tod, weil *wir* in Not sind. Er erträgt die Höllenqualen des Kreuzes, weil das das Problem ist, vor dem wir stehen – und seit dem Sündenfall im Garten Eden immer gestanden haben. Und deswegen ist die nächste Station Jesu in dieser Donnerstagnacht ein anderer Garten.

Ein zweiter Garten

Nach dem Passahmahl begibt sich Jesus mit seinen Jüngern in einen Garten namens Gethsemane, der knapp außerhalb der Stadt liegt. Es ist „ein zweiter Garten", denn Gethsemane wird sich als Gottes Antwort auf den ersten Garten erweisen – den Garten Eden. Im Garten Eden kam ein Riss in die große Liebesgeschichte.

Der Garten Gethsemane ist der Ort, an dem er wieder in Ordnung gebracht wird.

Erlauben Sie mir, Sie einen Augenblick zurück zum „Tatort" Eden zu führen. In jenem ersten Garten waren Adam und Eva der König und die Königin der ganzen Schöpfung. Vom Gott der Liebe waren sie erschaffen; sie waren zum Lieben bestimmt und dazu, die Welt in Liebe zu regieren. Sie waren im Paradies. Aber sie schlugen diese Liebe aus. Sie trauten dem Gott der Liebe nicht, der sie mit kosmischer Fülle gesegnet hatte. Gott hatte ihnen in der ganzen Welt einen einzigen Baum verboten – den „Baum der Erkenntnis des Guten und Bösen" (1Mo 2,16-17) –, aber Adam und Eva starrten nur noch auf dieses winzige Verbot und vergaßen die überfließende Fülle. Sie vertrauten Gott nicht und beschlossen, ihr Leben selbst in die Hand zu nehmen. In 1. Mose 3 lesen wir, wie sie von der verbotenen Frucht aßen; es war die Urkatastrophe dieser Welt.

Vielleicht klingt Ihnen das etwas übertrieben. Wie kann das Essen von den Früchten des einen verbotenen Baumes solch verheerende Folgen haben? Die Antwort der Bibel lautet: Die Folgen sind deswegen so drastisch, weil die Liebe so absolut wichtig ist. Die Welt dreht sich wirklich um sie. Wer mit ihr spielt, der setzt alles aufs Spiel, und dies gilt sowohl für unser persönliches Leben als auch für den Kosmos.

Auf der persönlichen Ebene erleben wir es, wie unser Leben schiefläuft, wenn unsere Liebe verdorben ist. Wir lieben die falschen Dinge, und diese Dinge fesseln dann unser Herz und pervertieren unsere Liebe noch mehr. Oder wir lieben die richtigen Dinge, aber auf eine Art, die unverhältnismäßig ist, oder aus den falschen Motiven. Wir sagen, dass wir einen Menschen lieben, aber in Wirklichkeit lieben wir nur diesen *Typ* Mensch oder das *Gefühl* des Liebens. Oder wir lieben es, dass die Leute sehen, wie toll wir lieben können. Oder wir lieben schlicht uns selbst, und der Geliebte ist nur dazu da, unser Ego zu steigern. Und wie oft verwandelt sich unsere Liebe gar in Hass oder Verbitterung! Und der Hass und die Verbitterung unserer Mitmenschen verstärken unseren eigenen Hass und unsere eigene Verbitterung, und schon sind wir in einer Abwärtsspirale gefangen.

Die Liebe ist das größte Gut im Leben, aber diese Wahrheit hat auch eine andere Seite: Verdrehte Liebe ist das größte Übel. Das gilt auf der privaten Ebene, aber die Bibel berichtet uns, dass es auch auf einer kosmischen Ebene der Fall ist. Gott hat die Welt so erschaffen, dass sie um die Liebe kreist. Die Beziehung zwischen Gott und Mensch ist der Grund, warum es das Universum gibt, und sie ist die Achse, um die sich diese Welt dreht. Wenn diese Beziehung gut ist, ist alles gut in der Welt. Aber wenn es zwischen Gott und den Menschen nicht mehr stimmt, gerät die Welt aus dem Gleichgewicht, und die Hölle bricht los. Das ist das, was in jenem ersten Garten geschah.

Und das sollte uns eigentlich nicht überraschen. Wenn man sich vom Gott der Liebe abwendet, führt dies unweigerlich zu einer Trennung – zur Trennung von Gott und voneinander. Wenn ich mich von dem Gott des Lichtes abwende, lande ich in der Finsternis der Unwissenheit und der Sünde. Wenn ich dem Gott des Lebens den Laufpass gebe, lande ich im Tod – nicht nur in dem physischen Tod, bei dem das Herz stillsteht, sondern in einem geistlichen Tod, der in der Trennung von Gott besteht. Das ist seit jenem ersten Garten das Leben, wie wir es kennen – ein Leben der Trennung, der Finsternis und des Todes.

Wenn wir die Lawine des Bösen in dieser Welt bis zu ihrem Anfang zurückverfolgen, landen wir bei der berühmten Schneeflocke, die die Kettenreaktion auslöste. Der Mensch – Adam – traute Gott nicht über den Weg. Was sich in diesem Ur-Garten ereignete, war die erste „Unabhängigkeitserklärung" der Menschheitsgeschichte. Ein rebellischer Adam ging zu dem Baum, um sich zu bedienen, und das Ergebnis war eine Welt des Elends. Seit diesem Ereignis mühen wir uns in Adams Welt des Leidens ab und gehen seine selbstsüchtigen Wege mit.

Doch jetzt betritt der Held der Handlung die Bühne. Es kommt ein zweiter Adam, der in einen zweiten Garten geht. Als sich Jesus an diesem Gründonnerstagabend in den Garten Gethsemane begibt, ist er ein Held, der in den Kampf zieht. Alle anderen sind den Weg Adams gegangen. Wir alle sind Egoisten, und entsprechend müssen wir alle leiden und sind unterwegs in den Tod. Aber Jesus ist gekommen, um den Weg Adams umzukehren. Wo Adam sich voller Selbstsucht an einem Baum vergriff und die Welt in die Katastrophe stürzte, ist Jesus gekommen, um *seinen* Baum – das Kreuz – selbstlos zu akzeptieren und damit der Welt das Heil zu bringen.

Als Jesus den zweiten Garten betritt, geht es um alles oder nichts. Er ist sich des Kampfes, der auf ihn wartet, und des Leidens, das er bringen wird, nur zu bewusst. Er beschreibt dieses Leiden als seinen „Kelch".

Ein zweiter Kelch

Wir lesen weiter im 26. Kapitel des Matthäusevangeliums:

> Dann kamen sie zu einem Olivenhain namens Getsemani. Dort sagte Jesus zu seinen Jüngern: „Setzt euch hierhin! Ich gehe noch ein Stück weiter, um zu beten." Petrus und die beiden Zebedäussöhne

jedoch nahm er mit. Auf einmal wurde er von schrecklicher Angst und von Grauen gepackt und sagte zu ihnen: „Die Qualen meiner Seele bringen mich fast um. Bleibt hier und wacht mit mir!" Er ging noch ein paar Schritte weiter, warf sich nieder, das Gesicht auf dem Boden, und betete: „Mein Vater, wenn es möglich ist, dann gehe dieser Kelch an mir vorbei! Aber nicht wie ich will, sondern wie du willst." (Mt 26,36-39; NeÜ)

Was ist dieser „Kelch", den Jesus hier erwähnt? Es ist kein Kelch im wörtlichen Sinne, sondern eine bildliche Beschreibung des Leidens am Kreuz, das Jesus sehr bald auf sich nehmen wird. Er weiß, dass er im Begriff steht, die Folgen unserer Trennung von Gott, unserer Finsternis und unseres Todes zu durchleben. Er steht kurz davor, an den Ort zu gehen, an den uns alle unsere Sünden führen; bald wird er an unserer Stelle diese Höllenqualen erleiden. *Das* ist die Bedeutung dieses bitteren „Kelches" und der Grund, warum Jesus so überwältigt ist.

Die Bibel spricht auf viele Arten von diesem Kelch. Hier ein Beispiel:

Der HERR hält einen Kelch in seiner Hand, gefüllt mit dem Wein seines Zorns – schäumend und von betäubender Wirkung. Und Gott schenkt allen auf dieser Erde, die ihn verachten, davon ein:

Bis zum letzten bitteren Tropfen müssen sie ihn austrinken! (Ps 75,9; NGÜ)

Stellen Sie sich vor, wie die ganze Welt vor diesem Kelch Schlange steht. Die Menschen sind von dem Gott der Liebe, des Lichtes und des Lebens fortgelaufen, und jetzt müssen sie die Konsequenzen davon „trinken" – Trennung, Finsternis und Tod. Stellen Sie sich weiter den Inhalt dieses Kelches vor: In ihm ist der ganze Schrecken der Hölle konzentriert. Und jetzt stellen Sie sich Ihren Platz in dieser Schlange vor. Mit jedem Schritt kommen Sie dem Kelch näher. Und dann sehen Sie auf einmal hinter dem Kelch Jesus. Er steht nicht in der Schlange; es ist ja nicht *sein* Kelch. Aber was ist das? Er hat sich vor den Kelch hingekniet, in tiefster Angst und Qual. Er denkt daran, wie es sein wird, wenn er ihn *für uns* trinkt.

Das Lukasevangelium berichtet, dass Jesus buchstäblich Blut schwitzte, als er sich auf diesen Kelch vorbereitete (Lk 22,44). Die moderne Medizin bezeichnet dieses Phänomen als Hämhidrose. Es ist sehr selten und tritt in Situationen extremen emotionalen Stresses auf. In der Haut des Betroffenen platzen winzige Blutgefäße und vermischen sich mit dem Schweiß zu einer roten Flüssigkeit. Jesus will diesen Kelch nicht trinken, der so völlig anders ist als der Weinkelch, den er beim Abendmahl seinen Jüngern gereicht hat. Jener Kelch war voller Vergebung; dieser Kelch ist voller Zorn und Gericht. Jener Kelch stand für Leben; dieser Kelch bringt den Tod. Jenen Kelch reicht Jesus uns; diesen Kelch trinkt er selbst aus.

Das ist der Grund, warum Jesus betet:

> *„Mein Vater, wenn dieser Kelch nicht vorübergehen kann, ohne dass ich ihn trinke, so geschehe dein Wille!" (Mt 26,42)*

Um zu verstehen, wovor Jesus hier steht, blenden Sie die drei ersten Worte dieses Verses aus. Tatsache ist: Dieser Kelch kann nicht vorübergehen, *es sei denn, Jesus trinkt ihn.* Entweder leert *er* den Kelch bis zur Neige, oder *wir müssen ihn trinken.* Entweder *er* nimmt unser Urteil auf sich, oder *wir müssen es auf uns nehmen.* Entweder *er* leidet für unsere Sünden, oder *wir müssen selbst* leiden.

In diesem Garten beugte sich die Liebe abgrundtief herab, hinein in unser Elend und Leid. Diese Liebe betete für uns. Sie rang um uns. Und diese Liebe war entschlossen, *alles* zu tun, um uns zu erlösen – jeden Preis zu zahlen, jeden Schmerz zu ertragen. Als Jesus daran denkt, wie es sein wird, am Kreuz zu sterben, steht er vor folgender Entscheidung: Entweder *er* trinkt den Kelch, oder *wir müssen es tun.* Entweder *er* stellt sich unter Gottes Gericht, oder *wir müssen es tun*. Entweder *er* muss durch diese Höllenqualen gehen oder *wir*. Und in dieser Situation, dort im Garten, beschließt Jesus: „Vater, ich will es tun."

Das ist Liebe. Liebe beugt sich herab, und Liebe leidet. Warum tut sie das? Weil Liebe sich opfert.

Kapitel 5

LIEBE OPFERT SICH

„Gott ist Liebe", heißt es in einem berühmten Bibelvers (1Jo 4,8). Wie reagieren Sie, wenn Sie das hören? Es ist ein Satz, über den die Meinungen auseinandergehen. Die einen reagieren sarkastisch. Wie soll man in einer Welt, die so voller Schmerz ist, an einen liebenden Gott glauben? Für manche klingt es wie ein grausamer Witz, von einem Gott der reinen Liebe zu reden, wenn doch die Welt alles andere als rein und lieblich ist.

Doch andererseits sind da die Menschen, die diesen Satz als ihr persönliches Credo annehmen. „Gott ist Liebe" – das ist genau der richtige Spruch für Omas Wandstickerei. Wir finden ihn auch auf den Lippen dieses spirituellen Gurus und in den Facebook-Posts der frommen Tante, die sonntags in die Kirche geht. Wie ist das bei *Ihnen*, wenn Sie den Satz „Gott ist Liebe" hören? Finden Sie ihn schön oder scheußlich? Widerlich oder wunderbar? Blödsinnig oder brillant?

Das Erste, was man hier klarstellen muss, ist, dass beide Extreme in der Gefahr stehen, den Satz misszuverstehen. Weil beide Seiten Liebe vor allem als ein Gefühl verstehen. Die eine

Seite sieht sie als ein Gefühl, das zu zart und empfindlich ist für die wirkliche Welt voller Streit und Tod. Und die andere sieht sie als eine Art emotionales Narkosemittel – ein schönes Gefühl, das den Schmerz dieser Welt betäubt, sodass man leichter damit leben kann. Aber im Grunde wissen wir alle, dass etwas, das den Namen „Liebe" verdient, eine tiefere Realität ist. Echte Liebe ignoriert die Finsternis nicht, sondern begegnet uns mitten in ihr.

Die Liebe, von der die Bibel redet, ist in Blut, Schweiß und Tränen geerdet. Direkt nach dem Satz „Gott ist Liebe" heißt es in der Bibel weiter:

Gottes Liebe zu uns ist darin sichtbar geworden, dass er seinen einzigen Sohn in die Welt sandte, um uns in ihm das Leben zu geben. (1Jo 4,9; NeÜ)

Liebe bleibt nicht in sicherer Entfernung stehen und beteuert ihre unerschütterliche Zuneigung; Liebe neigt sich herab. Sie bleibt nicht distanziert oder abstrakt; sie kommt zu uns herunter. Der, der die Liebe ist, teilt unser Leben, damit wir seines teilen können. Das ist das, was dieser Vers besagt und was wir in den letzten beiden Kapiteln untersucht haben. Jesus kam in die Welt, um uns die Liebe des Himmels zu bringen. Aber letztlich ist es nicht so sehr Jesu Leben, das uns die Tiefe der Liebe Gottes enthüllt, sondern sein Tod. Die

Liebe, die sich herabneigte, um zu leiden, ist eine Liebe, die kam, um sich zu opfern. Es ist eine Liebe, die immer schon Richtung Karfreitag unterwegs war – unterwegs zum Kreuz. Das sagt uns der nächste Vers im 1. Johannesbrief:

Die Liebe hat ihren Grund nicht darin, dass wir Gott geliebt haben, sondern dass er uns geliebt und seinen Sohn als Sühnopfer für unsere Sünden gesandt hat. (1Jo 4,10; NeÜ)

Wenn ich Sie bitten würde, sich Liebe bildlich vorzustellen, würden Sie vielleicht an einen Kuss denken oder an eine Mutter mit ihrem Kleinkind oder an ein Händchen haltendes älteres Paar. Wenn Sie in der Bibel ein Bild für die Liebe suchen, müssen Sie das Kreuz nehmen. Wir werden uns gleich den Bericht des Matthäus über die Kreuzigung anschauen. Aus der einen Perspektive betrachtet, ist die Kreuzigung eine schockierende Dokumentation von Brutalität, aber aus Gottes Perspektive ist sie mehr – sie ist eine Heldentat. Sie ist das ultimative Opfer. Sie ist ein Akt purer Liebe:

Sie zogen ihn aus und hängten ihm ein scharlachrotes Gewand um. Dann flochten sie eine Krone aus Dornenzweigen und setzten sie ihm auf. Schließlich drückten sie einen Stock in seine rechte Hand, nahmen Haltung an und höhnten: *„Sei gegrüßt, König der Juden!"* Sie spuckten ihn an, nahmen ihm den Stock aus der Hand und schlugen ihn damit auf den Kopf. Als sie genug davon hatten, ihn zu verspotten, nahmen sie ihm den Umhang wieder ab, zogen ihm seine eigenen Gewänder an und führten ihn ab, um ihn zu kreuzigen. ...

Zusammen mit Jesus kreuzigten sie zwei Räuber, einen rechts und einen links von ihm. Die Leute, die vorbeikamen, schüttelten den Kopf und riefen höhnisch: *„Du wolltest ja den Tempel abreißen und in drei Tagen wieder aufbauen! Rette dich doch selbst! Wenn du Gottes Sohn bist, steig vom Kreuz herab!"* Auch die Hohen Priester, die Gesetzeslehrer und die Ratsältesten machten sich über ihn lustig. *„Andere hat er gerettet"*, riefen sie, *„sich selbst kann er nicht retten! Er ist ja der König von Israel. Soll er doch jetzt vom Kreuz herabsteigen, dann werden wir an ihn glauben! Er hat auf Gott vertraut, soll der ihm jetzt helfen, wenn er wirklich Freude an ihm hat. Er hat ja gesagt: ‚Ich bin Gottes Sohn.'"* Auch die Verbrecher, die mit ihm gekreuzigt waren, beschimpften ihn so.

Aber von Mittag an und noch den halben Nachmittag lag eine schwere Finsternis über dem ganzen Land. Zuletzt schrie Jesus laut: *„Eli, Eli, lema* *sabachthani?" D. h.: „Mein Gott, mein Gott, warum hast du mich verlassen?" (Mt 27,28-31.38-46; NeÜ)*

Was, um alles in der Welt, hat das mit Liebe zu tun? Hohn, Folter, Schande, Schmerz und Tod – noch weiter weg von dem, was man sich normalerweise unter Liebe vorstellt, geht es doch nicht. Wie kann Johannes, wie oben zitiert, sagen, dass darin Gottes Liebe zu uns sichtbar geworden ist? Er kann es sagen, weil, wie es am Ende des nächsten Verses heißt, das Kreuz ein „Sühnopfer für unsere Sünden" ist (vgl. 1Jo 4,9-10; NeÜ).

Aus der einen Perspektive kann uns der Tod Jesu sinnlos oder schrecklich erscheinen, aber aus einer anderen ist er ein Bild für die größte, herzergreifendste Hingabe. Stellen wir uns einen Soldaten vor, der sich auf eine Granate wirft. Wenn ich den Kontext dieser Handlung nicht kenne, wird sie mir als Wahnsinnsakt, als tragischer Unfall oder sinnloser Selbstmord erscheinen, aber sobald ich mir das Gesamtbild anschaue, erkenne ich, dass sich hier jemand opfert, um seinen Kameraden das Leben zu retten. Genau so hat Jesus von seinem eigenen Tod gesprochen:

Größere Liebe hat niemand als die, dass er sein Leben hingibt für seine Freunde. Ihr seid meine Freunde. (Joh 15,13-14)

Die Menschen mögen das Kreuz als sinnlose Verschwendung, als Unfall oder gar als Selbstmord abschreiben, aber Jesus möchte, dass wir genauer hinsehen. Das Kreuz ist der höchste Ausdruck der Liebe eines Freundes. Am Kreuz wirft Jesus sich sozusagen auf die Granate. Er opfert sich für uns.

Aber jetzt habe ich schon wieder das Wort „Opfer" bzw. „opfern" benutzt. Was bedeutet dieses Wort denn? Dieser Frage wollen wir uns jetzt zuwenden.

Die Opfer im Alten Testament

Stellen Sie sich die Szene vor: Sie sind ein Israelit, der in der Zeit des Alten Testaments lebt – sagen wir, acht Jahrhunderte vor dem ersten Weihnachten. Sie sind zu dem heiligsten Ort der Welt gekommen – dem Tempel in Jerusalem –, und da Sie wissen, dass Sie vor Gott ein Sünder sind, haben Sie ein Opfertier mitgebracht. Als Sie sich dem Gott des Lebens, des Lichtes und der Liebe nähern, werden Ihnen Ihr eigener Tod, Ihre Finsternis und Ihre Trennung von Gott immer bewusster. Das Licht Gottes offenbart die Dunkelheit Ihres Herzens. So ist das ja immer. Jedes Mal, wenn wir in die Gegenwart von etwas Großem treten, fühlen wir uns klein – wie viel mehr dann, wenn wir in die Gegenwart Gottes treten!

Als Sie sich also einem Gott nähern, der vor Güte geradezu glüht, wird Ihnen so recht bewusst, wie anders Sie sind – wie schuldig. Sie erkennen, dass es Ihnen eigentlich „an den Kragen gehen müsste" für all das, was Sie in Ihrem Leben und Ihren Beziehungen vermasselt haben. Aber gerade deswegen haben Sie ja Ihr Opferschaf mitgebracht. Jetzt geht es nicht Ihnen an den Kragen, sondern dem Tier.

Vielleicht denken Sie jetzt: „Armes Schaf! Was hat das denn getan, dass es so etwas verdient hat?" Aber genau das ist ja der Punkt: Das Schaf ist unschuldig, aber Sie sind schuldig. Dieses Opfertier stirbt an Ihrer Stelle. Sie erfahren unverdiente Gnade, während das Schaf unverdiente Strafe erfährt.

Bevor Sie gegen diese Art, mit Tieren umzugehen, protestieren, seien wir ehrlich: Dieses Schaf wäre so oder so gestorben. Bis heute töten wir unsere Schafe. Im Alten Testament war es nur so, dass der Metzger (alias „Priester") das Ganze etwas theatralischer machte. Bevor sie ihre Tiere zu Fleisch für Mahlzeiten machten, vollzogen die Gläubigen des Alten Testaments ein Ritual, das ein Hinweis auf das Opfer Christi war. Sie wussten sehr wohl, dass diese Tiere ihre Schuld nicht wegnehmen konnten, aber Jahrhunderte vor der Kreuzigung Jesu stellten sie das Drama des Kreuzes bereits symbolisch dar. Als

Jesus – der verheißene Erlöser – endlich Mensch geworden war, konnte Johannes der Täufer verkünden: „Siehe, das Lamm Gottes, das die Sünde der Welt wegnimmt!" (Joh 1,29). *Das* ist Jesus: das endgültige Opferlamm. Er trägt die Strafe, damit wir frei ausgehen.

Jedes Opfer im Alten Testament bereitete die Menschen auf Jesus vor. Ihre Lämmer, Ziegen und Stiere konnten ihre Sünden nicht wirklich wegnehmen, aber diese Opfer waren eine Vorankündigung von Karfreitag und Ostern, und wenn wir heute über diese alten Opfer nachdenken, können wir immer noch viel über das Kreuz lernen.

Das Kreuz im Tempel

Kehren wir zurück zu der Szene, die wir uns gerade vorgestellt haben. Sie sind also im Tempel – etwa im Jahre 800 v. Chr. – und stehen Schlange, um einem Priester Ihre Sünden zu bekennen. Sie halten Ihr Lamm bereit. Wenn Sie an der Reihe sind, werden Sie es auf den Altar legen, Ihre Hände auf seinen Kopf legen und Ihre Sünden bekennen. Sie legen Ihre Schuld symbolisch auf das Opfertier. Erst dann legen Sie ihm das Messer an den Hals.

Und jetzt stellen Sie sich vor, dass Sie, bevor dieses Ritual beginnt, eine dröhnende Stimme aus dem Inneren des Tempels hören.

Es ist der Herr – der allmächtige Sohn Gottes –, und er ruft allen in den Vorhöfen zu: „Raus mit euch!" Sie packen Ihr erleichtertes Lamm und rennen fort, bis Sie in sicherer Entfernung sind. Dann drehen Sie sich um und sehen, wie der Herr Jesus aus seinem Thronsaal herabsteigt und durch den Tempel hindurchgeht bis nach draußen zum Opferaltar. Und dann – es ist nicht zu glauben – legt *er* sich auf den Altar. Er winkt einen zitternden Priester herbei und befiehlt ihm, ihm die Hände auf den Kopf zu legen. Der Priester gehorcht; er bekennt die Sünden aller dort stehenden und wartenden Menschen und legt sie auf Jesus. Und dann wird Jesus, der die Schuld all dieser Menschen trägt, geopfert, und das Blut, das vom Altar herabfließt, ist wie der rote Strom der Liebe Gottes.

Das ist das, was bei der „Passion" Jesu Christi geschehen ist. So sieht Liebe aus. Sie hat die Gestalt des Kreuzes, an welchem Jesus ein für alle Mal als das Lamm Gottes geopfert wurde. Er nimmt das auf sich, was wir verdient haben, damit wir das bekommen, was er verdient hat. Er erduldet unser Gericht, damit wir seine Gnade bekommen können. Er stirbt, damit wir leben.

Eine größere Liebesgeschichte als diese gibt es nicht. Keine andere hat einen Helden, der so hoch erhoben ist und in solche Tiefen gehen musste. Da hängt er, unser Herr und Schöpfer, und durchleidet unsere Höllenqualen, damit wir in den Himmel kommen können. In der Tat: „Größere Liebe hat niemand" (Joh 15,13). Denn: „Die Liebe hat ihren Grund nicht darin, dass wir Gott geliebt haben, sondern dass er uns geliebt und seinen Sohn als Sühnopfer für unsere Sünden gesandt hat" (1Jo 4,10; NeÜ).

Jede Liebe ist ein Opfer

Ich hoffe, Sie sehen jetzt etwas von dem Wunder des Opfers Christi. Aber vielleicht haben Sie generell ein Problem mit diesem Kapitel. Vielleicht sehen Sie ein, dass Liebe sich herabneigt. Sie sehen vielleicht sogar ein, dass Liebe leidet. Aber das mit dem Opfer – klingt das nicht wie eine brutale Religion aus der uralten Bronzezeit? All dieses Reden von Blut und vom stellvertretenden Tragen des Gerichts – steht das nicht im Widerspruch zur Liebe? Lassen Sie mich darauf am Ende dieses Kapitels mit einem lauten „Nein!" antworten. Es ist genau umgekehrt: Jede Liebe, die den Namen „Liebe" verdient, ist ein Opfer.

Wenn unser Soldat seine Kameraden liebt, bedeutet dies das ultimative Opfer – dass er sich auf die Granate wirft, damit sie nur ihn zerreißt, aber nicht die anderen. Aus Liebe stirbt er, damit andere leben können. Wenn ein Geldverleiher den Kunden liebt, der das Darlehen nicht zurückzahlen kann, muss auch er ein Opfer bringen; aus Liebe wird er die Schuld erlassen. Aber er trägt den finanziellen Schaden; seine Liebe sagt: „Ich übernehme das." Und wenn ich Sie liebe, obwohl Sie mir Böses angetan haben, bedeutet auch dies ein Opfer: Ich vergebe Ihnen, und das kostet. Ich verzichte darauf, Sie zur Kasse zu bitten oder den Leuten Negatives über Sie zu erzählen. Und anstatt Ihnen Ihr Verhalten nachzutragen, wünsche ich Ihnen Gutes. Liebe bedeutet Opfer. So ist das mit der Liebe.

Lassen Sie mich ein letztes Beispiel geben. Zahlreiche Liebesgeschichten erzählen die Geschichte vom Prinzen und vom Bettelmädchen. Wir können uns das Kreuz als die höchste denkbare Version dieser Geschichte vorstellen. Stellen wir uns den Prinzen vor, wie er sich in ein unglückliches Mädchen aus dem einfachen Volk verliebt. Er verspricht ihr, sie zu heiraten. Aber was geschieht, wenn die beiden heiraten? Sie haben dann alles gemeinsam. Im Ehegelöbnis vieler Trauliturgien heißt es: „Alles, was ich bin, gebe ich dir, und alles, was ich habe, teile ich mit dir." Wenn das Bettelmädchen diese Worte spricht, gehen alle ihre Schulden an den Prinzen über. Er übernimmt sie und bezahlt sie bis zum letzten Heller. Und gleichzeitig verspricht der Prinz seiner Braut all seinen Besitz, und damit gehören alle seine Schätze ihr. Der

Prinz zahlt mit Freuden diesen Preis, um mit seiner Geliebten zusammen zu sein. Es ist ein Opfer, das er gerne bringt. Durch diese Liebesverbindung nimmt er alles an, was seiner Braut gehört, und schenkt ihr alles, was sein ist.

Etwas Ähnliches geschieht am Kreuz. Schauen Sie sich den an, der dort hängt, voller Blut und Speichel. Er ist der Prinz des Himmels, der der Welt seine ausgebreiteten Arme entgegenstreckt. Er hat sich herabgeneigt und klein gemacht, er hat gelitten und sich selbst als Opfer dargebracht – und das alles, damit er bei Ihnen sein kann. Wenn Sie den gekreuzigten Jesus ansehen, können Sie noch die Spur eines Zweifels haben, dass er Sie liebt? Können Sie noch daran zweifeln, dass er Gottes Gabe an Sie ist? Können Sie noch daran zweifeln, dass er Ihre Schulden – Ihre Sünden – weggenommen und dafür sich selbst geschenkt hat? Dort, in Jesus, ist Gottes Liebe. Für Sie.

Wie reagieren Sie auf diese Liebe? Wenn Sie sein Traugelübde hören, das er am Kreuz gesprochen hat, werden Sie es erwidern? Es ist meine Hoffnung, dass Sie mit einem Gebet wie dem folgenden antworten können:

Herr Jesus, du hast mich gewonnen. Du hast dich mir gegeben mit jedem Tropfen deines Blutes. Ich liebe dich. Ich erkläre dir hiermit, dass ich mit Leib und Seele dir gehöre. Alles, was ich bin, gebe ich dir, und alles, was ich habe, teile ich mit dir – in guten und in schlechten Tagen, in Reichtum und Armut, in Krankheit und Gesundheit, bis zum Tod und darüber hinaus. Amen.

Solch ein Gebet wäre schlicht die angemessene Antwort auf eine Liebe, die für uns solche Höllenqualen ertragen hat. Ob Sie schon seit vielen Jahren Christ sind oder Gottes Liebe erst jetzt begreifen – das macht Glauben aus. Glaube ist die Antwort, die Gottes Liebe unseren Herzen abgewinnt. Vielleicht erleben Sie diese Antwort gerade jetzt, da Sie diese Zeilen lesen.

Haben Sie zu dem Gebet oben „Amen" gesagt? Dann befinden Sie sich jetzt in der ultimativen Liebesgeschichte. Sie haben den großen Helden erkannt und fangen an, sich als sein geliebter Mensch zu sehen. *Das* ist der Sinn des Lebens: „zu erkennen, was alle Erkenntnis übersteigt: die unermessliche Liebe, die Christus zu uns hat" (Eph 3,19; NeÜ).

Aber da ist noch mehr. Diese Liebe können Sie nicht nur jetzt haben; diese Liebe steht fest für immer. „Glücklich bis ans Ende ihrer Tage" – das gibt es wirklich.

Kapitel 6

LIEBE STEHT WIEDER AUF

Aussichtslose Liebe – es ist eine bekannte Geschichte. Denken Sie nur an Shakespeares *Romeo und Julia*. Diese unglücklich Verliebten versuchten, den Abgrund zwischen zwei verfeindeten Familien zu überbrücken. Ihre Liebe musste das doch wohl schaffen ... Aber es reichte nicht, und das Ende war tragisch. Nicht jede Liebesgeschichte hat ein Happy End. Viele gehen traurig aus. In *Romeo und Julia* gewinnt zum Schluss nicht die Liebe, sondern der Tod.

Wie endet unsere Geschichte? Wird sie anders sein? Bis jetzt haben wir gesehen, wie Liebe sich herabneigt, leidet und sich opfert. Aber wird am Ende nicht alles umsonst gewesen sein? War das Kreuz nur eine zum Scheitern verurteilte Tat, die die Aussichtslosigkeit von Jesu Liebe demonstrierte?

Im Alten Testament gibt es ein langes Liebesgedicht, das „Hohelied" oder „Lied der Lieder". Hier heißt es: „Denn stark wie der Tod ist die Liebe" (Hl 8,6). Was denken Sie, was stärker ist – die Liebe oder der Tod? Der Romantiker in uns möchte glauben, dass die Liebe stärker ist. Der Realist klagt (vor allem dann, wenn wir gerade einen lieben Menschen verloren haben), dass am Ende immer der Tod gewinnt. Was stimmt?

Als der erste Ostermorgen graute, sah es für alle so aus, als hätte der Tod gewonnen. Jesu Jünger warteten nicht siegesgewiss draußen vor dem Grab, um den Sieg des Allmächtigen über den Tod zu feiern. Nein, diese Männer und Frauen hatten gesehen, wie der blutverschmierte Leichnam vom Kreuz abgenommen und in ein kaltes, dunkles Grab gelegt wurde. Für sie hatte sich die Liebe herabgeneigt, gelitten und geopfert, und jetzt war sie tot – und *sie* wären sicher als Nächste an der Reihe.

Am Ostermorgen versteckten sie sich ängstlich vor den Mächtigen, die gerade ihren Meister getötet hatten. Trotz allem, was Jesus ihnen zu dem Thema gesagt hatte (und er hatte keinen Zweifel daran gelassen, dass er von den Toten auferstehen würde), war ein Wiedersehen mit ihm das Letzte, was sie erwarteten. Aber dann lesen wir im Johannesevangelium Folgendes:

Am Abend jenes Sonntags trafen sich die Jünger hinter verschlossenen Türen, weil sie Angst vor den Juden hatten. Plötzlich stand Jesus mitten unter ihnen und sagte: „Friede sei mit euch!" Dann zeigte er ihnen seine Hände und seine Seite. Da wurden die Jünger froh, als sie den Herrn sahen. „Friede sei mit euch!", sagte er noch einmal zu ihnen. (Joh 20,19-21; NeÜ)

Versetzen Sie sich in die Lage dieser Anhänger Jesu. Keiner von ihnen konnte stolz auf sein Verhalten sein, als Jesus verhaftet und vor Gericht gestellt wurde. Im Gegenteil: Sie alle hatten ihn in der Stunde seiner größten Not verlassen oder verleugnet. Aber jetzt ist er aus dem Grab und dem Tod ins Leben zurückgekehrt und sucht diese nichtsnutzigen Feiglinge und Verräter auf. Was wird er ihnen sagen? Er sagt: „Friede sei mit euch!" Es ist sein erster Gruß nach seiner Auferstehung. Die Liebe neigt sich herab, leidet und opfert sich, und dann ersteht sie, nachdem sie durch den Tod gegangen ist, wieder auf und verkündigt Frieden, selbst für feige Deserteure.

Wenn irgendein Leichnam zurück ins Leben käme, es wäre schon sensationell genug. Aber die Ostergeschichte besteht nicht einfach darin, dass irgendjemand den Tod besiegt hat. Ostern bedeutet, dass *Jesus* auferstanden ist, dass der *Friede* zurück von den Toten gekommen ist, dass die *Liebe* das Grab besiegt hat.

Für manche ist das kaum zu glauben, und „der ungläubige Thomas" (einer der zwölf Jünger) meldet sich stellvertretend für alle Skeptiker zu Wort. Er war nicht bei der ersten Erscheinung des Auferstandenen dabei, und so äußert er seine Zweifel:

Thomas aber, einer von den Zwölfen, genannt Zwilling, war nicht bei ihnen, als Jesus kam. Da sagten die anderen Jünger zu ihm: „Wir haben den Herrn gesehen." Er aber sprach zu ihnen: „Wenn ich nicht in seinen Händen das Mal der Nägel sehe und meine Finger in das Mal der Nägel lege und lege meine Hand in seine Seite, so werde ich nicht glauben." (Joh 20,24-25)

Man muss Thomas' Reaktion verstehen. Tote stehen nicht wieder auf! Ist der Tod nicht doch stärker als die Liebe? Doch da erscheint Jesus auch Thomas und stellt all seine Annahmen infrage:

Acht Tage später waren seine Jünger wieder beisammen. Diesmal war auch Thomas dabei. Die Türen waren verschlossen, doch plötzlich stand Jesus genau wie zuvor in ihrer Mitte und sagte: „Friede sei mit euch!" Dann wandte er sich an Thomas und sagte: „Gib mir deinen Finger und sieh meine Hände an! Gib deine Hand her und lege sie in meine Seite! Und sei nicht mehr ungläubig, sondern glaube!" –„Mein Herr und mein Gott!", gab Thomas ihm da zur Antwort. (Joh 20,26-28; NeÜ)

So kam Thomas zum Glauben an die Auferstehung. Nicht durch mathematische Beweise, nicht durch wissenschaftliche Experimente, ja, noch nicht einmal durch eine wunderbare Demonstration himmlischer Macht. Der Beweis, der aus dem ungläubigen den gläubigen Thomas machte, waren die *Narben* Jesu. Sie erzählen eine Narbengeschichte – wie Jesus sich herabneigte, litt, sich opferte und dann auf der anderen Seite des Todes wiederauferstand. Thomas lässt sich nicht einfach davon überzeugen, dass es ein Leben nach dem Tod gibt, nein, er begegnet seinem vom Kampf gezeichneten Freund und sieht, dass Jesus bis in den Tod für ihn gekämpft hat. Es ist eine alles besiegende Liebe, die Thomas überwältigt, sodass er schließlich ausruft: „Mein Herr und mein Gott!"

Leben aus dem Tod

Das Erscheinen Jesu vor Thomas war nur eine Station einer sechswöchigen „Tournee". Nach dem Ostersonntag redete Jesus 40 Tage lang mit Hunderten von Menschen, aß mit ihnen, unternahm längere gemeinsame Spaziergänge, ging mit Freunden fischen und grillte anschließend mit ihnen am Strand (vgl. die Berichte in Lukas 24 und Johannes 20–21). Und mit alldem gab er den Jüngern einen Vorgeschmack auf die Zukunft. Das Leben nach dem Tod, das Jesus ihnen als Pionier eröffnet hat, besteht nicht aus supergeistlichen Phänomenen in der siebten Dimension; es geht darin um Freunde und Festessen. Es ist bodenständig, natürlich und vollgepackt mit Freude.

Vielleicht denken Sie jetzt: „Das klingt ja schön, aber kann ich das wirklich glauben?" Nun, in diesem Abschnitt möchte ich Ihnen zeigen, dass Sie ja eigentlich schon längst an die Auferstehung glauben. Egal, was Ihre religiösen Überzeugungen sind (falls Sie welche haben), Sie glauben an irgendeine Ostergeschichte. Um die Welt verstehen zu können, in der Sie leben, die Geschichte, die Sie geprägt hat, und das Herz, das Sie antreibt, glauben Sie bereits an irgendein „Leben aus dem Tod". Es ist aber nur die christliche Version dieser Geschichte, die Ihrem Leben seinen Sinn gibt; sie ist die *wahre* Liebesgeschichte, die alle anderen erklärt. Wie ich das meine? Dazu möchte ich drei Dinge beleuchten: den Himmel, den Lauf der Geschichte und unsere Herzen.

1. Der Himmel

Unser Universum ist ein Leben-aus-dem-Tod-Universum, ein Oster-Kosmos sozusagen. Wenn Sie nicht an den Oster-Gott glauben, dann müssen Sie an mehrere wirklich seltsame Leben-aus-dem-Tod-Wunder glauben, um den Kosmos erklären zu können:

Wunder Nr. 1: Das Universum ist aus dem Nichts und ohne irgendeinen Grund entstanden.

Wunder Nr. 2: Die Harmonie des Kosmos ist aus dem Chaos hervorgegangen, ohne jegliche Ursache.

Wunder Nr. 3: Das Leben ist aus Nicht-Leben entstanden, über rein mechanische bzw. chemische Prozesse.

Wunder Nr. 4: Unser Verstand hat sich aus geistloser Materie heraus entwickelt.

Bei allen diesen Wundern geht es um Leben-aus-dem-Tod-Phänomene. Aber wenn es keinen Leben-aus-dem-Tod-*Gott* gibt, der hinter diesen Phänomenen steht, dann sind dies die unglaublichsten Wunder, die je von Menschen behauptet worden sind. Ohne einen Leben-aus-dem-Tod-Gott sind diese Dinge völlig absurd.

Vergleichen wir dies mit dem Osterwunder – der Auferstehung. Auch sie bedeutet Leben aus dem Tod. Aber das Osterwunder hat einen Wunder*wirker*: den Gott der Liebe. Und es hat einen *Sinn* – es gehört zu der Großen Liebesgeschichte. Innerhalb dieser Liebesgeschichte ist das Osterwunder sinnvoll, ja, es macht die Wunder des Kosmos plausibel. Das Wunder von Ostern versichert uns, dass wir in einem Leben-aus-dem-Tod-Universum leben, weil es einen

Leben-aus-dem-Tod-Gott gibt; die Auferstehung Jesu ist der Beweis dafür. Und wir begreifen, dass diese Auferstehung nicht absurd oder irrational ist, sondern dass sie das erklärt, was *ohne sie* absurd und irrational wäre.

2. *Der Lauf der Geschichte*

Die Geschichte, die die Bibel uns berichtet, ist klar und deutlich, und die große Mehrheit der Historiker ist sich über ihre grundlegenden Fakten einig. Diese Fakten lauten wie folgt: Jesus war (mindestens) ein Prophet, der in Judäa und Galiläa Anhänger um sich sammelte. Um das Jahr 30 n. Chr. herum stand er im Zentrum einer Kontroverse in Jerusalem. Er wurde unter dem römischen Statthalter Pontius Pilatus zum Tode verurteilt und hingerichtet. Anschließend legte man ihn in ein Grab, dessen Lage allgemein bekannt war. Am dritten Tag nach seinem Tod wurde das Grab leer aufgefunden, und seine Anhänger fingen an, Begegnungen mit dem auferstandenen Christus zu haben. Diese Begegnungen setzten sich 40 Tage lang fort und hörten auf, als er, wie die Jünger es bezeugten, in den Himmel zurückgekehrt war. Der Leichnam wurde nie gefunden, und dort in Jerusalem begann die Christus-Bewegung, in deren Zentrum u. a. die Verkündigung des leeren Grabes stand. Die Menschen, die da die Auferstehung Christi predigten, hatten weder Einfluss noch Bildung, aber sie standen trotz starker Verfolgungen, die einige sogar das Leben kosteten, fest zu dem, was sie behaupteten. Wider alle Erwartungen breitete sich die Christus-Bewegung rasant aus. Das Ergebnis ist die größte und vielfältigste gesellschaftliche Gruppe in der Menschheitsgeschichte, und ihre zentrale Botschaft ist immer die Ostergeschichte gewesen.

Dies sind die schlichten historischen Fakten. Es gibt Verschwörungstheoretiker, die alternative Erklärungen anbieten, z. B. dass Jesus am Kreuz lediglich ohnmächtig wurde und in dem kühlen Grab wieder zu sich kam oder dass die Jünger den Leichnam stahlen und eine Lügengeschichte in die Welt setzten oder dass sie alle Halluzinationen hatten – aber keine dieser Erklärungen passt zu den Fakten. Tatsache ist schlicht, dass die Ostergeschichte der Bibel die mit Abstand überzeugendste Erklärung für die historischen Fakten ist.

Aber mehr noch: Die Geschichte der christlichen Kirche *seit* dem Ostersonntag ist ein mächtiges Indiz für die Wahrheit ihrer Botschaft. Bedenkt man, dass Jesus mit Anfang 30 einen schmählichen Verbrechertod erlitt und weder eine Armee noch eine Partei, auch keine schriftlichen Werke und keine Schule hinterließ, fragt man sich, wie es möglich war, dass die Jesus-Bewegung den Tod ihres Gründers überlebte. Jesus hatte keinerlei irdische Macht, keinen Reichtum oder Einfluss. Er war ein No-body, dessen Anhänger Versager waren. Aber er ist zu der zentralen Figur der Menschheits-geschichte geworden. Wie war das möglich? Die Jesus-Bewegung hat sich explosionsartig aus-gebreitet und breitet sich auf der ganzen Welt immer noch weiter aus. Es lohnt sich, diese Ex-plosion zu ihrem Anfangspunkt zurückzuver-folgen. Was war der Ausgangspunkt, an dem alles begann? Ohne einen Zweifel war es der Oster-sonntag. Bis dahin hatte die Jesus-Bewegung keinerlei globalen Einfluss. Aber danach – direkt danach – begann die erstaunliche Ausbreitung der größten gesellschaftlichen Bewegung, die die Weltgeschichte je gekannt hat.

Was war die Ursache? Ganz gewiss nicht das Genie oder die politischen Manöver der Jünger. Sie waren ungebildete Fischer, notorische Sünder, Feinde des Staates und verachtete kleine Leute. Aber diesen Menschen gelang es, das Buch zu veröffentlichen (das Neue Testament), das die Welt bewegt und die Zivilisation ver-ändert hat wie kein anderes und das die Welt tatsächlich auf den Kopf gestellt hat. Vor dem Ostersonntag hatten sie Jesus schmählich im Stich gelassen und versteckten sich voller Angst; nach Ostern begannen sie, die Welt zu erobern.

An jenem Sonntag war etwas geschehen, das sie radikal veränderte. Was war das? Die naheliegendste und glaubwürdigste Erklärung ist die, die sie selbst gaben: Jesus ist tatsächlich von den Toten auferstanden.

3. Unsere Herzen

Wir haben über den Himmel über unseren Köpfen und über die Geschichte um uns herum nachgedacht. Kommen wir nun zu den Herzen, die in uns schlagen. Hier finden wir ein mächtiges Zeugnis der Auferstehung – das nicht loszuwerdende Bewusstsein, dass die Liebe in der Tat stärker ist als der Tod.

Wir alle leben so, als ob die Liebe das letzte Wort hat. Jeder weiß, dass er seine Beziehungen pflegen sollte; wenn sie gut sind, ist das Leben sehr gut, wenn sie schlecht sind, ist das Leben furchtbar. Die Liebe regiert unsere Herzen.

Aber halt, ist dies nicht bloß Wunschdenken?

Die Auferstehung gibt uns gute Gründe, unsere tiefsten Intuitionen ernst zu nehmen. Wenn Jesus von den Toten auferstanden ist, dann regiert dieser Leben-aus-dem-Tod-Gott tatsächlich, und seine Liebesgeschichte wird sich durchsetzen, was uns eine Grundlage für unsere tiefsten Herzensüberzeugungen gibt. Doch ohne den Osterglauben bleibt nur das Fazit, dass das Leben ein kurzer Augenblick in der Sonne ist, der bald von der Finsternis verschluckt werden wird. Doch mit solch einer Philosophie kann man letztlich kaum leben.

Nur sehr wenige Menschen sind Nihilisten, die das Leben für sinnlos halten, und noch weniger sind in ihrem Nihilismus konsequent. Die meisten von uns verhalten sich so, als ob das Leben größer ist als der Tod, Liebe größer ist als Trennung und Streit und das Licht über die Finsternis triumphieren wird. Darum erzählen wir so gern Geschichten. Was immer wir auch glauben, wir können nicht leben ohne Geschichten vom Triumph der Liebe, des Lebens und des Lichtes; unsere Herzen verlangen danach. Wir leben so, als ob Ostern wahr ist!

Und da das so ist, stehen wir vor einer Wahl – aber nicht einer Wahl zwischen dem „Mythos" von Ostern und der „Realität" eines säkularen Weltbildes. Sondern wir haben die Wahl zwischen dem einen „Mythos", der beansprucht, Geschichte geworden zu sein – der wahren Geschichte von Jesus –, und all den anderen tatsächlichen Mythen, die wir einander erzählen, um die Nacht besser ertragen zu können. Wenn wir die Sache so betrachten, erkennen wir, dass das Absurde nicht der Glaube an die Auferstehung ist; dieser Glaube erklärt vielmehr alles andere, was sonst absurd wäre. Unsere Herzen finden einen Sinn, sobald wir an Ostern glauben.

Und so ist unser Universum ein Leben-aus-dem-Tod-Universum, unsere Geschichte eine Leben-aus-dem-Tod-Geschichte und unsere innersten Überzeugungen sind Leben-aus-dem-Tod-Überzeugungen. Ist es dann wirklich noch so schwer, an einen Leben-aus-dem-Tod-Gott zu glauben? Was hält Sie davon ab, den Blick auf Jesus zu richten und das zu sagen, was einst Thomas sagte: „Mein Herr und mein Gott"?

Vielleicht denken Sie: „Bei Thomas war das anders. Der konnte Jesus tatsächlich *sehen*. Doch ich?" Aber genau diese Frage spricht Jesus an, als Thomas vor ihm steht.

In die Geschichte einsteigen

Der Bericht des Johannes über Thomas und Jesus geht so weiter:

> Jesus erwiderte: „Du glaubst, weil du mich gesehen hast. Glücklich die, die mich nicht sehen und trotzdem glauben." (Joh 20,29; NeÜ)

Man könnte annehmen, dass Thomas unglaublich glücklich war, dass er den Beweis bekommen hat, den er verlangt hatte. Aber Jesus nennt nicht *ihn* „glücklich". Für Jesus sind die glücklichen Menschen die, die ihn *nicht* sehen und trotzdem glauben. Sie und ich, wir waren nicht dabei, als der auferstandene Jesus zu seinen Jüngern kam, aber Jesus sagt praktisch: „Das macht nichts, das ist sogar besser so." Inwiefern ist es besser? Johannes gibt uns die Antwort:

> **Was hier berichtet ist, wurde aufgeschrieben,** *damit ihr glaubt, dass Jesus der Messias ist, der Sohn Gottes, und damit ihr als Glaubende Leben habt in seinem Namen. (Joh 20,31; NeÜ; Hervorhebung durch den Autor)*

Wir haben die Bibel (zu der das Johannesevangelium gehört) bekommen, damit wir das erfahren können, was Thomas erfuhr. Diese Dinge sind aufgeschrieben, damit wir glauben. Und dies ist der „glücklichere" Weg, Jesus zu begegnen. Es ist der bessere Weg.

Sie fragen: „Besser? Wie kann es besser sein, von Jesus in der Bibel zu lesen, als ihn persönlich zu sehen?" Nun, stellen Sie sich vor, Jesus würde Ihnen in der nächsten Nacht am Fußende Ihres Bettes erscheinen. Stellen Sie sich vor, Sie sehen seine Wunden und hören, wie er Ihnen „Friede sei mit dir!" sagt. Das würde Ihnen ein geistliches Hochgefühl verschaffen, das vielleicht tage-, ja, wochenlang anhalten würde. Aber ziemlich bald würden Sie anfangen, sich zu fragen, ob Sie das Ganze nicht nur geträumt haben. Die Leute, denen Sie von dem Erlebnis erzählen, würden Sie für verrückt halten. Schon bald würden Sie die nächste Jesus-Erscheinung brauchen. Wenn Sie je um ein besonderes Zeichen Gottes gebeten haben, müssen Sie wissen: Sie bitten um etwas, das Ihnen vorübergehend Eindruck macht, Sie aber langfristig eher zweifeln als glauben lassen wird.

Es ist glückseliger – es ist besser –, sich an die Augenzeugenberichte der Bibel zu halten. In den Evangelien sind die Worte Jesu schwarz auf weiß festgehalten, und das für alle Zeiten und für jede Situation: wenn Sie Zweifel haben, wenn es drei Uhr morgens ist und Sie nicht schlafen können, wenn ein lieber Mensch stirbt oder wenn Sie gerade Ihren Arbeitsplatz verloren haben. Sie können Jesus jederzeit „sehen", wenn Sie Ihre Bibel aufschlagen und ihm in jener alten Liebesgeschichte begegnen.

So lernte J. R. R. Tolkien Jesus kennen. Und C. S. Lewis. So habe auch ich ihn kennengelernt und Millionen andere Menschen in aller Welt und zu allen Zeiten. Wir haben die Bibel aufgeschlagen, wir haben den Helden aller Helden gesehen und wurden von der Geschichte mitgerissen, regelrecht hineingezogen. Haben Sie das auch schon erlebt?

Wir haben über die große Geschichte der Bibel nachgedacht. Vielleicht haben Sie etwas von Jesus gesehen. Haben Sie seine Autorität gespürt? Haben Sie den Eindruck, dass er wirklich der ultimative Held ist? Leuchtet es Ihnen ein, dass Jesus und seine Geschichte der Liebe größer sind als der Tod, oder finden Sie, dass der Tod größer ist als Jesus? Fangen Sie an, ihn „Mein Herr und mein Gott" zu nennen?

Wenn dies nicht der Fall ist, möchte ich Ihnen noch einmal die Augenzeugenberichte empfehlen – die Evangelien. Vielleicht fangen Sie mit dem Johannesevangelium an, das ja ausdrücklich geschrieben wurde, „damit ihr glaubt". Lesen Sie diese Liebesgeschichte, die von jemandem geschrieben wurde, der aus erster Hand alles miterlebte, was Jesus tat. Vielleicht richten Sie sogar, während Sie lesen, ein Gebet an Gott: „Großer Gott, zeige mir die Wahrheit. Zeige mir deine Liebe. Zeige mir deinen Sohn." Sie haben nichts zu verlieren mit diesem Gebet. Wenn es Gott nicht gibt, kann er Sie auch nicht hören. Aber wenn es ihn gibt, gibt es nichts Wichtigeres, als ihm zu begegnen.

Hat Sie das, was Sie in diesem Buch gelesen haben, innerlich angesprochen? Dann tut Gottes Geschichte der Liebe bereits ihre Wirkung. Wenn Sie schon die Liebe Jesu erkennen können, möchte ich Ihnen Mut machen, darauf zu antworten. Beten Sie zum Gott von Ostern. Jetzt. Vielleicht so:

Gott, du bist Licht; bei mir ist alles dunkel. Du bist Leben; ich bin vom Tod umgeben. Du bist Liebe; ich bin von dir getrennt. Es tut mir leid, dass ich gegen dich gesündigt habe. Mit deiner Hilfe möchte ich mich von dieser Finsternis, diesem Tod und dieser Trennung abwenden und zu Jesus kommen. Danke, dass Jesus, dein Sohn, sich herabgeneigt, gelitten und sich geopfert hat und dass er dann den Tod hinter sich gelassen hat und auferstanden ist. Danke, dass er mich mit jedem Tropfen seines Blutes geliebt und den Preis für meine Sünden bezahlt hat. Ich glaube, dass Jesus „mein Herr und mein Gott" ist. Ich erkenne ihn an als den Prinzen des Himmels, der mich zurückgewonnen hat. Bitte nimm mich an als dein Kind, fülle mich mit deinem Geist und sei für immer und ewig mein liebender Vater. Amen.

ENDNOTEN

1   Humphrey Carpenter, *The Inklings: C. S. Lewis, J. R. R. Tolkien, Charles Williams, and Their Friends* (Boston: Houghton Mifflin, 1979), S. 42f.

2   Brief vom 18. Oktober 1931.

3   C. S. Lewis, *Gott auf der Anklagebank* (Basel: Brunnen, 4. Taschenbuch-Auflage 2005), S. 52.

4   In der Bibel wird Pontius Pilatus u. a. in Lk 3,1 und Apg 4,27 erwähnt.

5   C. S. Lewis, *Gott auf der Anklagebank*, S. 96.

6   Jesu Existenz schon vor Beginn der Welt wird in Bibelversen wie Johannes 1,1 angesprochen: „Im Anfang war das Wort [= Jesus], und das Wort war bei Gott, und das Wort war Gott." Jesus selbst hat diesen Anspruch erhoben, so in Johannes 17,24, wenn er zu Gott dem Vater betet: „denn du hast mich geliebt vor Grundlegung der Welt." Es ist eine biblische Grundlehre, dass Jesus älter ist als das Universum. Bevor die Welt begann, war er da, zusammen mit dem Vater und dem Heiligen Geist.

AUFBAU DER BIBEL[1]

*Die vielen Namen der biblischen Bücher und ihre Ab-
kürzungen sind nicht immer leicht zu finden. Die folgende
Übersicht soll dabei helfen, bei Interesse die Bibelstellen
aus diesem Buch nachzuschlagen.*

Bibelbuch

Die Bibel besteht aus 66 Büchern. Jedes hat einen eigenen Titel.
„Römer" bedeutet zum Beispiel, dass Paulus einen Brief an die
Römer geschrieben hat. Manchmal gibt es mehrere Bücher mit dem
gleichen Namen – z. B. die fünf Bücher Mose. Sie sind dann der Reihe
nach nummeriert: 1. Mose, 2. Mose …

Kapitel und Verse

Jedes Buch besteht aus Kapiteln und Versen (einige ganz kurze
Bücher nur aus Versen). Die Kapitel- und Versangaben erlauben es,
jede Bibelstelle sehr schnell zu finden. Sie sind wie ein Link, der an
eine bestimmte Stelle im Text führt.

Eine Bibelstelle besteht aus drei Elementen: Name des Buches,
Kapitelangabe und Versangabe. Kapitel- und Versangabe sind durch
ein Komma getrennt (siehe rechte Seite).

Überschriften

Sie gliedern das Buch in Sinnabschnitte. In den ursprünglichen Hand-
schriften mit dem hebräischen bzw. griechischen Text gibt es noch
keine Überschriften. Sie wurden erst später zur besseren Orientierung
hinzugefügt und variieren in den verschiedenen Bibelausgaben.

---

1 Text auf Grundlage von https://www.die-bibel.de/bibeln/wissen-
   zur-bibel/inhalt-und-aufbau-der-bibel/inhaltsuebersicht/,
   Deutsche Bibelgesellschaft, Stuttgart.

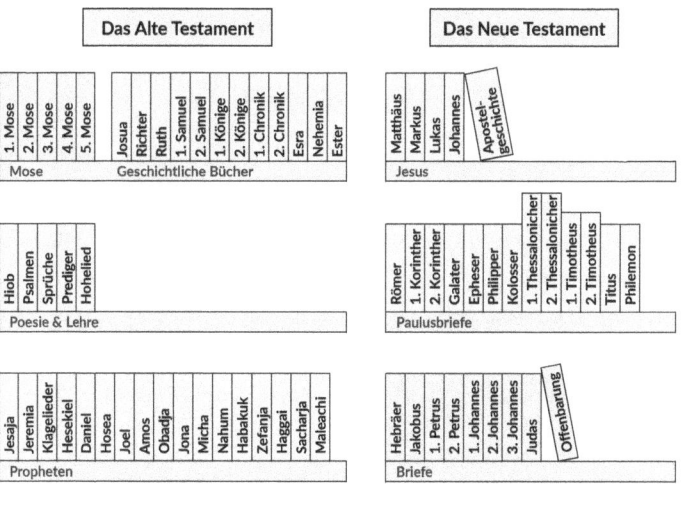

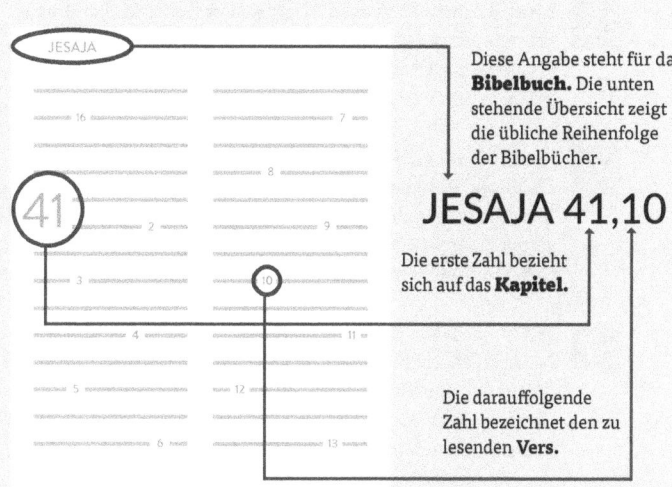

Diese Angabe steht für das **Bibelbuch.** Die unten stehende Übersicht zeigt die übliche Reihenfolge der Bibelbücher.

JESAJA 41,10

Die erste Zahl bezieht sich auf das **Kapitel.**

Die darauffolgende Zahl bezeichnet den zu lesenden **Vers.**

FÜNF SCHRITTE
ZU EINEM NEUEN LEBEN

Wenn Sie wissen wollen, wie man ein Leben mit Jesus Christus beginnt, nennen wir Ihnen fünf Schritte zu einem neuen Leben:

1 Beten Sie zu Jesus Christus. Sie können ganz einfach mit ihm reden. Er versteht und liebt Sie (Matthäus 11,28).

2 Bekennen Sie ihm, dass Sie bisher ohne Gott gelebt haben. Erkennen Sie an, dass Sie ein Sünder sind, und bekennen ihm dies als Ihre Schuld. Sie können ihm alle konkreten Sünden nennen, die Ihnen bewusst sind (1. Johannes 1,9).

3 Bitten Sie Jesus Christus, als Herr und Gott in Ihr Leben einzukehren. Vertrauen und glauben Sie ihm von ganzem Herzen. Wenn Sie sich so Jesus Christus als Herrscher anvertrauen, macht er Sie zu einem Kind Gottes (Johannes 1,12).

4 Danken Sie Jesus Christus, dem Sohn Gottes, dass er für Ihre Sünde am Kreuz gestorben ist. Danken Sie ihm, dass er Sie aus Ihrem sündigen Zustand erlöst hat und jede einzelne Sünde vergeben wird (Kolosser 1,14). Reden Sie jeden Tag mit ihm im Gebet und danken Sie ihm für Ihre Gotteskindschaft.

5 Bitten Sie Jesus Christus als Herrn, die Führung in Ihrem Leben zu übernehmen. Suchen Sie den täglichen Kontakt mit ihm durch Bibellesen und Gebet. Der Kontakt mit anderen Christen hilft, als Christ zu wachsen. Jesus Christus wird Ihnen Kraft und Mut zur Nachfolge geben.

Glen Scrivener

Wie die Luft, die wir atmen

Warum wir alle an Freiheit,
Menschenwürde und Gleichheit glauben

Gb., 272 S., 13,5 × 20,5 cm
Best.-Nr. 271878
ISBN 978-3-86353-878-1

Ist das Christentum ein Todeskandidat, der überaltert und heuchlerisch mehr Probleme für die moderne Gesellschaft erzeugt als löst? Oft schämen sich Christen für ihren Glauben, und Außenstehende sind misstrauisch. Was aber, wenn die christliche Botschaft nicht der Feind unserer westlichen Werte ist, sondern ihre Quelle? Glen Scrivener nimmt seine Leser mit auf eine Entdeckungsreise und zeigt, wie die Lehren Jesu nicht nur die antike Welt auf den Kopf gestellt haben, sondern noch bis heute prägen, wie wir über Leben, Werte und Bedeutung denken. Freiheit, Freundlichkeit, Fortschritt und Gleichheit sind so selbstverständlich für uns geworden, dass wir ihre christlichen Wurzeln kaum noch bemerken. Dieses faszinierende Buch ist eine starke Hilfe für Christen, um über ihren Glauben zu reden, und ein Augenöffner für Nichtchristen über die positive Wirkung des Glaubens.

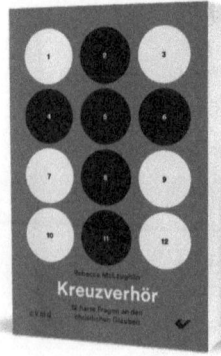

Rebecca McLaughlin
Kreuzverhör
12 harte Fragen an den christlichen
Glauben

Pb., 336 S., 13,3 × 20,3 cm
Best.-Nr. 271816
ISBN 978-3-86353-816-3

Auf Grundlage aktueller Forschungsergebnisse, persönlicher Er-
lebnisse und sorgfältiger Bibelstudien untersucht *Kreuzverhör*
kritische Fragen, die viele vom christlichen Glauben abhalten.
Doch bei genauerem Hinsehen zeigt sich, dass diese scheinbaren
Hindernisse zu Wegweisern auf Jesus Christus werden und zur
besten Hoffnung unserer modernen Welt.

Themen u. a.:
• Fördert Religion nicht Gewalt?
• Wie kann man die Bibel wörtlich nehmen?
• Hat die Wissenschaft den christlichen Glauben nicht widerlegt?
• Ist der christliche Glaube nicht homophob?
• Wie kann ein liebender Gott so viel Leid zulassen?
• Wie kann ein liebender Gott Menschen in die Hölle schicken?